遂昌班春劝农

遂昌班春劝农

总主编 金兴盛

浙江省非物质文化遗产代表作丛书

浙江摄影出版社

邱根松 主编

周喜玉 程琳菲 编著

总 序

中共浙江省委书记
省人大常委会主任 夏宝龙

非物质文化遗产是人类历史文明的宝贵记忆，是民族精神文化的显著标识，也是人民群众非凡创造力的重要结晶。保护和传承好非物质文化遗产，对于建设中华民族共同的精神家园、继承和弘扬中华民族优秀传统文化、实现人类文明延续具有重要意义。

浙江作为华夏文明发祥地之一，人杰地灵，人文荟萃，创造了悠久璀璨的历史文化，既有珍贵的物质文化遗产，也有同样值得珍视的非物质文化遗产。她们博大精深，丰富多彩，形式多样，蔚为壮观，千百年来薪火相传，生生不息。这些非物质文化遗产是浙江源远流长的优秀历史文化的积淀，是浙江人民引以自豪的宝贵文化财富，彰显了浙江地域文化、精神内涵和道德传统，在中华优秀历史文明中熠熠生辉。

人民创造非物质文化遗产，非物质文化遗产属于人民。为传承我们的文化血脉，维护共有的精神家园，造福子孙后代，我们有责任进一步保护好、传承好、弘扬好非物质文化遗产。这不仅是一种文化自觉，是对人民文化创造者的尊重，更是我们必须担当和完成好的历史使命。对我省列入国家级非物质文化遗产保护名录的项目一项一册，编纂"浙江省非物质文化遗产代表作丛书"，就是履行保护传承使命的具体实践，功在当代，惠及后世，有利于群众了解过去，以史为鉴，对优秀传统文化更加自珍、自爱、自觉；有利于我们面向未来，砥砺勇气，以自强不息的精神，加快富民强省的步伐。

党的十七届六中全会指出，要建设优秀传统文化传承体系，维护民族文化基本元素，抓好非物质文化遗产保护传承，共同弘扬中华优秀传统文化，建设中华民族共有的精神家园。这为非物质文化遗产保护工作指明了方向。我们要按照"保护为主、抢救第一、合理利用、传承发展"的方针，继续推动浙江非物质文化遗产保护事业，与社会各方共同努力，传承好、弘扬好我省非物质文化遗产，为增强浙江文化软实力、推动浙江文化大发展大繁荣作出贡献！

（本序是夏宝龙同志任浙江省人民政府省长时所作）

前 言

浙江省文化厅厅长 金兴盛

要了解一方水土的过去和现在,了解一方水土的内涵和特色,就要去了解、体验和感受它的非物质文化遗产。阅读当地的非物质文化遗产,有如翻开这方水土的历史长卷,步入这方水土的文化长廊,领略这方水土厚重的文化积淀,感受这方水土独特的文化魅力。

在绵延成千上万年的历史长河中,浙江人民创造出了具有鲜明地方特色和深厚人文积淀的地域文化,造就了丰富多彩、形式多样、斑斓多姿的非物质文化遗产。

在国务院公布的四批国家级非物质文化遗产名录中,浙江省入选项目共计217项。这些国家级非物质文化遗产项目,凝聚着劳动人民的聪明才智,寄托着劳动人民的情感追求,体现了劳动人民在长期生产生活实践中的文化创造,堪称浙江传统文化的结晶,中华文化的瑰宝。

在新入选国家级非物质文化遗产名录的项目中,每一项都有着重要的历史、文化、科学价值,有着典型性、代表性:

德清防风传说、临安钱王传说、杭州苏东坡传说、绍兴王羲之传说等民间文学,演绎了中华民族对于人世间真善美的理想和追求,流传广远,动人心魄,具有永恒的价值和魅力。

泰顺畲族民歌、象山渔民号子、平阳东岳观道教音乐等传统音乐，永康鼓词、象山唱新闻、杭州市苏州弹词、平阳县温州鼓词等曲艺，乡情乡音，经久难衰，散发着浓郁的故土芬芳。

　　泰顺碇步龙、开化香火草龙、玉环坎门花龙、瑞安藤牌舞等传统舞蹈，五常十八般武艺、缙云迎罗汉、嘉兴南湖掼牛、桐乡高杆船技等传统体育与杂技，欢腾喧闹，风貌独特，焕发着民间文化的活力和光彩。

　　永康醒感戏、淳安三角戏、泰顺提线木偶戏等传统戏剧，见证了浙江传统戏剧源远流长，推陈出新，缤纷优美，摇曳多姿。

　　越窑青瓷烧制技艺、嘉兴五芳斋粽子制作技艺、杭州雕版印刷技艺、湖州南浔辑里湖丝手工制作技艺等传统技艺，嘉兴灶头画、宁波金银彩绣、宁波泥金彩漆等传统美术，传承有序，技艺精湛，尽显浙江"百工之乡"的聪明才智，是享誉海内外的文化名片。

　　杭州朱养心传统膏药制作技艺、富阳张氏骨伤疗法、台州章氏骨伤疗法等传统医药，悬壶济世，利泽生民。

　　缙云轩辕祭典、衢州南孔祭典、遂昌班春劝农、永康方岩庙会、蒋村龙舟胜会、江南网船会等民俗，彰显民族精神，延续华夏之魂。

　　我省入选国家级非物质文化遗产名录项目，获得"四连冠"。这不仅是我省的荣誉，更是对我省未来非遗保护工作的一种鞭策，意味着今后我省的非遗保护任务更加繁重艰巨。

重申报更要重保护。我省实施国遗项目"八个一"保护措施，探索落地保护方式，同时加大非遗薪传力度，扩大传播途径。编撰浙江非遗代表作丛书，是其中一项重要措施。省文化厅、省财政厅决定将我省列入国家级非物质文化遗产名录的项目，一项一册编纂成书，系列出版，持续不断地推出。

这套丛书定位为普及性读物，着重反映非物质文化遗产项目的历史渊源、表现形式、代表人物、典型作品、文化价值、艺术特征和民俗风情等，发掘非遗项目的文化内涵，彰显非遗的魅力与特色。这套丛书，力求以图文并茂、通俗易懂、深入浅出的方式，把"非遗故事"讲述得再精彩些、生动些、浅显些，让读者朋友阅读更愉悦些、理解更通透些、记忆更深刻些。这套丛书，反映了浙江现有国家级非遗项目的全貌，也为浙江文化宝库增添了独特的财富。

在中华五千年的文明史上，传统文化就像一位永不疲倦的精神纤夫，牵引着历史航船破浪前行。非物质文化遗产中的某些文化因子，在今天或许已经成了明日黄花，但必定有许多文化因子具有着超越时空的生命力，直到今天仍然是我们推进历史发展的精神动力。

省委夏宝龙书记为本丛书撰写"总序"，序文的字里行间浸透着对祖国历史的珍惜，强烈的历史感和拳拳之心。他指出："我们有责任进一步保护好、传承好、弘扬好非物质文化遗产。这不仅是一种文化自觉，是对人民文化创造者的尊重，更是我们必须担当和完成好的历史使命。"言之切切的强调语气跃然纸上，见出作者对这一论断的格外执着。

非遗是活态传承的文化，我们不仅要从浙江优秀的传统文化中汲取营养，更在于对传统文化富于创意的弘扬。

非遗是生活的文化，我们不仅要保护好非物质文化表现形式，更重要的是推进非物质文化遗产融入愈加斑斓的今天，融入高歌猛进的时代。

这套丛书的叙述和阐释只是读者达到彼岸的桥梁，而它们本身并不是彼岸。我们希望更多的读者通过读书，亲近非遗，了解非遗，体验非遗，感受非遗，共享非遗。

2015年12月20日

目录

　　换个视角看大山，风景大不同。

　　遂昌，历史上是个"深僻幽阻，与外不接"的山邑。绵延起伏的群山，成了现代化的阻碍，恰恰也因为这种阻塞，保存了今天看来弥足珍贵的丰茂山林和孕育山区民俗文化的肥沃土壤。

　　千百年来，这里的山水滋养着千百个美丽的小山村，这里的人们也保持着对山水的热爱、对善良的持守，日出而作、日落而息。简单生活似是落后，却也是对自然规律的敬畏和对社会规范的坚守。

　　从成立全国首个县域乡村文明促进会，到打造"五行遂昌、一诺千金"县域品牌，短短十年间，山野小县携着丰厚的文化遗存、厚重的生态山水，华丽转身，自信走来。

　　说遂昌人文情怀，绕不过明代县令汤显祖。遂昌人正是步着这位伟大的戏曲作家在山径上留下的足迹，接过他手中的"春鞭"，鞭开了仙县文化的姹紫嫣红。

　　班春劝农，这一四百多年前的民俗，正是得益于汤公的倾情推动，植根民间，原生传承。在生态文明兴起的当下，这份自古沿袭的劳动、生活抒写，无疑是农耕文化的史篇。迎春接福、出土牛等诸项民俗，似一幅绚丽的风情画，既具教化功能，又添乡村文艺范。

值此《遂昌班春劝农》一书付印之际，捷报传来，二十四节气入选人类非物质文化遗产代表作名录，作为"立春"内容之一的遂昌班春劝农亦在其列。这是对东方古老文明的褒奖，也是对这里人们抱守淳朴的回馈。

书中撷取的一组遂昌汤显祖文化·劝农节镜头，正是我县对非物质文化遗产传承、保护、创新的实践。

真诚希望通过这本书，会有更多的读者走近遂昌、走进遂昌，与我们共享山清水清、春云处处、农歌声声的乡村美景、山野春韵和山乡淳朴。

中共遂昌县委书记　王建政

一、概述

遂昌古老的民俗无疑受到巫文化的影响，其最大的特点就是重视祭祀活动。从古代对自然物体和自然现象的崇拜，到对祖先、神灵的祭祀，以及与社会生活相关联的如岁时节令、特定节日等祭祀活动，无不贯穿着山里人缅怀历史，崇功报德的理念。

一、概述

[壹]班春劝农产生的人文背景

（一）千年古邑遂昌

遂昌县位于浙江省西南万山之中，东倚武义、松阳二县，南邻龙泉市，西接江山市和福建省浦城县，北毗龙游县，与衢州、金华市接

遂昌县城

遂昌县地图

壤。东西长78.7公里，南北宽66.6公里，县域总面积2539平方公里，人口23万，现下辖两街道、七镇、十一乡。

武夷山系仙霞岭由闽入浙，绵亘全县，从西南向东北延伸。地势南、北高，中部略低，地块起伏大，中山地貌突出，山地面积2256平方公里，占县域面积的88.8%。因其地理条件构成了"九山半水半分田"的格局，境内层峦叠嶂，岩壑奇秀，乌溪江奔泻西北流入钱塘江，东南部之水蜿蜒东下注入瓯江，故有"钱瓯之源"之称。

遂昌属中亚热带季风气候区，温暖湿润，雨量充沛，由于地

钱瓯之源

形复杂，山地垂直气候差异明显，海拔800米以上的山区占总面积的40%，形成冬季长、春花迟发、夏季短、秋霜早的独特山区气候。

好川文化遗址是浙西南地区首次发现的新石器时代文化遗址，表明四千二百年前就有人类繁衍生息。据考证，遂昌夏、商、西周时属越，春秋时期属姑蔑，战国时期属楚。秦统一中国后，分郡、县两级，属会稽郡太末县。西汉分三级制，属扬州刺史部会稽郡太末县。东汉献帝建安二十三年（218年），孙权分太末县南部地始置遂昌县，属会稽郡。三国吴赤乌二年（239年），以县东十五里两山

清光绪《遂昌县志》中的"遂昌县全境图"

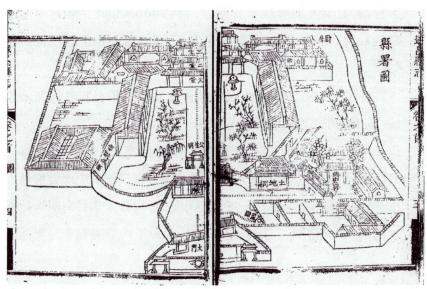

清光绪《遂昌县志》中的"县署图"

前后平叠如"昌"字，更名"平昌"。晋武帝太康元年（280年）复称"遂昌"。

唐武德八年（625年），遂昌县并入松阳县。景云二年（711年）复置遂昌县，属江南道括州，县名"遂昌"一直传承至今，是有一千七百多年历史的古县。"平昌"则作为遂昌的别号使用至今。从前人们有将旧时地名作为今地名的别称或某人官职的别号的风习，含怀念、尊敬的意思。如明代文学家汤显祖曾任遂昌知县，故被称"汤遂昌"。汤显祖在遂昌写的诗文、书札，都用"平昌"称遂昌，表现了他对遂昌历史的尊重，对士民的关爱。今天，遂昌县城新建的休闲广场

遂昌县城街道旧影

名"平昌广场",一条新建的街道叫"平昌路"。"平昌"二字还散见于文艺作品及商铺门面等。

1958年,松阳县撤销,并入遂昌县。1982年恢复松阳县建制,遂昌、松阳分治。历史上的分分合合,就是"遂松一家亲"的由来。沿着松荫溪东下,从遂昌县城妙高镇经松阳县古市镇至松阳县城西屏镇,都在沿溪一条线上。有千年历史的集市活动现在仍在举行。按传统,遂昌每月农历二至七日集市,松阳

平昌广场

集市中的商贩

为每月农历一至六日，五天一市，通称"过行"。届时四乡农民、外地商贩云集，市场兴旺，十分热闹。两县人民互通有无，互相"过行"，真的亲如一家。

遂昌林木丰茂，森林如一片绿海，一望无垠，有"浙江林海"之称。矿藏丰富，遂昌金矿被誉为"江南第一矿"。

群山连绵，山高云深，耸立在云海之上的是列为国家自然保护区的浙江省第四高峰九龙山。九龙山有人迹罕至的老林及珍禽异兽，还有神秘"野人"的传说。前人曾以诗歌描绘这里的山山水水，如"路从云里去，人在树头旋"的山径，"一水迢迢百二弯，百丈白练悬绝壁""炊烟接青天，落日下危峦"，充满诗情画意，令人遐想。

山林

梯田

遂昌金矿外景

九龙山老林

山中寮棚

由于交通梗阻，舟车不通，与外不接，生产发展迟缓，人民生活困难，历史上的遂昌县被称为"贫瘠之地"。在这群山幽林之中，祖辈们点燃篝火，挥起山锄，用智慧和汗水书写历史，创

传统龙窑

菇棚

建家园。

　　遂昌森林资源丰饶，满山都是宝。我们的祖先当时还不懂得"绿水青山就是金山银山"的科学道理，但从劳动生产的实践中悟出"靠山吃山"重在"养山"的道理，令青山不老、绿水长流，是一代又一代遂昌人的传统。

　　我们的祖先用超负荷的劳动，以灵巧的双手，在这里烧畲、垦地、伐木、育林、种茶、养菇、烧窑、烧炭、狩猎、开矿，通过这些带有专业技术性的劳动，练就了勤劳、质朴的品格，也促进了当地经济的发展。大约在宋元时期，就有"土物芳鲜而腴润，风俗节俭而淳谨"的赞语赞美遂昌。

（二）古风淳美之乡

据考古发现，早在四千多年前遂昌就有人类活动，并留下了足以填补良渚文化与马桥文化之间历史空白的好川文化遗址。

悠久的历史也孕育了深厚的文化。山民在生产斗争和生活实践中总结、提炼而形成的民俗，同时也受到历代政府"教化"的影响，

好川文化遗址

好川文化遗址出土的文物

以其古朴的山区特色和农耕文明的元素,历上千年而传承至今。

　　遂昌民俗的精粹是:勤劳、节俭、诚信、淳朴。严守"靠山养山"的祖训,崇尚"耕读传家"的乡风。遂昌方志记载,历代都有遂昌读书人应科举而外出任官吏的,有的则以著作传世。宋代县人尹起莘,无意仕进,在家半耕半读,写出《资治通鉴纲目发明》一书,被誉为"布衣史学家"。又如元代曾任浙江儒学提举的郑元佑,他的作品《遂昌杂录》和《侨吴集》被列入《四库全书·总目》。

　　遂昌的口头文学遗产十分丰厚，那火塘边说古，大树下聊天（讲故事），隔山对歌，"谷里樵歌谷外闻"的景象，令今人浮想联翩。

　　明正德年间，部分原居住于福建的畲民迁入遂昌。这是一个善歌的民族，以歌传史，以歌传情，与本地文化相交融。歌谣为民俗活动中的重要内容，如婚、丧、寿诞的礼仪歌，祭祀和农事方面的歌谣等。

　　由于历史、地理、经济诸因素，遂昌民俗从古传下来，有"尚

尹起莘《资治通鉴纲目发明》书影

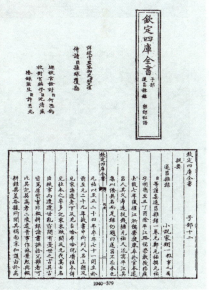

郑元佑《遂昌杂录》书影

畲民赛歌会

畲民对歌

巫术、敬鬼神"的风俗。凡有病家，都请巫师（本地叫"师公"）来求神作法（本地叫"打瘟"），即由巫师贴符于门。前人有诗曰："符咒何来疗病方，师公伎俩最荒唐。呜呜夜半吹龙角，未识谁家又打瘟。"民间有病，喜以草药疗疾，忌服官药（加工过的中药）。百姓大都具有辨识草

巫师打醮

集市上的草药摊

药、了解药性的常识，一般小病都能自治，很少找医生。前人也有诗评说："巫籍东方工骂鬼，医凭小草忌称官。"自20世纪80年代以来，民间修复、建造了一些寺观，又有一些业余巫道之辈在神前打醮、念咒，只是没有人找他们看病了。至于草药，目前已是紧俏商品，县城、乡间都有开设的草药铺和草药郎中，集市上的草药摊生意兴旺。现在的遂昌人仍然喜用草药，只是不忌服官药而已。以草药炮制的端午茶，已是今天遂昌的特色饮料。

遂昌古老的民俗无疑受到巫文化的影响，其最大的特点就是重视祭祀活动。从古代对自然物体和自然现象的崇拜，到对祖先、神

石练蔡相圣殿

王村口蔡相庙

蔡源蔡王殿

蔡相庙里演戏

灵的祭祀，以及与社会生活相关联的如岁时节令、特定节日等祭祀活动，无不贯穿着山里人缅怀历史，崇功报德的理念。

例一：五代时有蔡姓兄弟二十多人，在山林生产中同时殉难。当地人建祠纪念，寄托对这些养育山林的劳动者的哀思，称他们为"相公"。后又被民间称为"蔡相大帝"，立为地方的保护神，在石练、王村口、蔡源等地建庙奉祀。被称为"神"的，都要受到当朝皇帝的敕封，才算是正式的一尊神，如东岳大帝、关圣帝君等；妈祖从娘娘、夫人、天妃到天后，也是由当时皇帝给她晋级的。"蔡相"这

石练七月会·摆祭

石练七月会·巡游一

石练七月会·巡游二

蔡源八月会·巡游一

蔡源八月会·巡游二

遗爱祠旧址

妙高山遗爱亭

汤显祖纪念馆门庭

汤显祖铜像

个大帝，却是当地百姓封的。石练村民在农历七月的第一个辰日举行庙会，抬着蔡相神像巡游。有了"大帝"称号，也就有了銮驾旗伞的种种排场，场面威武壮观，当年可与县城的城隍庙会（五月会）媲美。2004年，石练恢复了蔡相大帝庙会（七月会）活动。

例二：明万历年间，文学家、戏曲作家汤显祖曾任遂昌知县五年。他在遂昌推行兴学、劝农等多项惠民美政，受到遂昌士民的爱

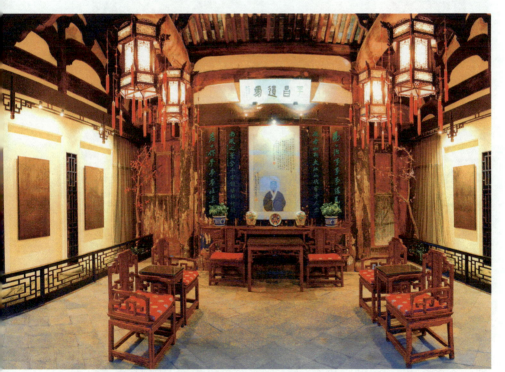

汤显祖纪念馆大厅

清康熙《遂昌县志》封面和内页

戴。汤显祖生前，书院就挂有汤显祖画像。后又建立遗爱祠，立上牌
位，春秋两祭，历代相传。今天，遂昌县城仍留存当年遗爱祠的一角
门墙。1995年，遂昌建汤显祖纪念馆。遂昌人没有把汤显祖抬上神座
膜拜。只是对这位有功于遂昌的先贤立祠纪念。对汤的祭祀有别于
对鬼神的祭祀，是崇功报德的另一种表现。

　　遂昌民俗中最大的祭祀活动，是过年和立春。过年除旧迎新，
祭祀着重于对祖先的怀念追思。立春民间叫"迎春接福"，祭祀春
神是各家各户民俗中的"祈春"活动。立春日也是地方政府的"班

大田村村民迎春接福

春劝农"日。"劝农"就是鼓励、指导农耕的意思。我国以农业立国,农业生产的丰歉,直接影响国计民生、社会安定,甚至王朝的兴衰。封建时代历朝统治者十分重视班春劝农这一国家大政,列为各地州县官的例行政事。遂昌也一样,班春劝农就这样传承下来了。

巡游

鞭春

鞭牛

[贰]班春劝农与汤显祖

明时汤显祖在遂昌知县任上，关心农民生活，重视农业生产，亲自主持班春劝农仪式，写下了有关班春劝农的诗篇，叙其情，记其事，取得了"赋成讼稀"的政绩。在汤显祖的影响下，此后历任遂昌知县对班春劝农和民间的迎春活动都十分投入，年年都搞得红红火火，延续至清宣统时才告终。民间的迎春风俗，则一直传承到现在，每年立春日仍然在迎春接福。

（一）汤显祖结缘仙县

岁月悠悠，往事千年。一个历史时期，总会有一些历史人物出

来书写辉煌。明代文学家汤显祖，于明万历二十一年（1593年）起当了五年的遂昌知县，在遂昌乡土史上留下了辉煌的一笔。他以文学家的视角，赞遂昌山川险峻而秀丽，民风质朴而淳美，称遂昌为"仙县"，自诩"仙令"。

汤显祖，字义仍，号若士，明嘉靖二十九年（1550年）出生于江西抚州府临川县文昌里，

汤显祖木刻像

卒于万历四十四年（1616年），终年六十七岁。他自幼好学，博览群书，二十一岁乡试中举。由于矢志于研读，他具有广博的学识，精通乐府歌行、五七言诗，旁及诸子百家，天文、地理、医药、卜筮无不通晓，因而誉满海内，为时人所钦慕。他为人刚正，风骨遒劲，不肯觍颜事权贵。万历时的内阁首辅张居正、张四维、申时行先后都想接纳他，但都被他婉言谢绝。

明万历十一年（1583年），汤显祖三十四岁，考中进士，次年任南京太常寺博士，五年后迁任礼部主事。不久，因上疏揭露时政弊端，批评执政阁臣申时行的专横与任用私人，并对神宗皇帝进行讽谏，结果被贬为广东徐闻县典史，万历二十一年（1593年）调任遂昌知县。他勤谨施政，被誉为"循吏"，但却不善于官场应酬，于万历二十六年（1598年）被劾，于是便辞职回家，绝意仕途，专心从事写作。

汤显祖颇受李贽进步思想的影响，主张文学创作应抒写性灵，表现内心的真情实感，反对模仿古人。他推崇稗官小说，重视通俗文学的研究，认为稗官小说对经传史事无甚害处，游戏墨花于涵养性情也没什么害处。其作品敢于蔑视权贵，抨击政治腐败，暴露封建道德的罪恶，并以饱满的激情抒写男女之间的真挚爱情和对婚姻自由、幸福生活的追求。

汤显祖作品《紫钗记》取材于唐人的传奇小说《霍小玉传》，歌颂了李十郎和霍小玉在爱情上的坚贞，对以卢太尉为代表的封建统治阶级的专横、自私做了一定程度的揭露。

《南柯记》的故事大抵根据唐李公佐的《南柯太守传》而略有增饰。在情节上以几十年的宦途经历作为一梦，写淳于棼梦入蚁穴大槐安国，和公主结婚后，出任南郡太守二十年。公主死后，又升为宰相。不久有人上奏，借口天象有客星侵犯牛女虚危星座，暗指淳于棼系来自外方，于是被罢职遣归。若联系汤显祖曾因上书指陈弊政而被贬斥，其中似乎带有对权臣闭塞言路进行批判的意思。

浙江昆剧院《牡丹亭》剧照之一

　　《邯郸记》本于唐人沈既济的《枕中记》，写卢生与吕翁遇于邯郸道上，吕翁把一只瓷枕交给卢生，卢生枕着瓷枕入睡。旅舍主人蒸黄粱未熟，卢生已在梦中经历富贵荣华、迁谪、围捕等得失。作者通过剧情的展开，对官场的倾轧和黑暗加以揭露，同时也慨叹人生的无常和宦海浮沉，流露出失望、彷徨的消极情绪。

　　《牡丹亭还魂记》是汤显祖"临川四梦"中最具代表性的作品。故事中的杜家是官宦之家，杜小姐丽娘天生丽质，聪慧娇艳。她自小接受家庭和塾师灌输的封建伦理道德教育。贵族的生活虽然安

浙江昆剧院《牡丹亭》剧照之二

逸、恬静，但却拘束、单调。年已及笄、情窦初开的杜丽娘深感生活的寂寞和苦闷。读了《诗经》中的爱情诗篇和在婢女的诱导下观赏花园的大好春光之后，更引起了她对于虚度青春的感叹和对爱情的憧憬。她因怀春苦闷而入梦，在梦中冲破礼教的束缚，大胆地和陌生的少年书生幽会。但好梦不长，醒后苦于梦境难寻，恹恹病起，以致身亡。广州书生柳梦梅去临安应试，路经南安郡，拾得丽娘画像，为其秀媚的容貌所感动，终日玩赏思慕，得丽娘幽魂再现，一见钟情，朝夕欢会，订立婚约。之后发现是丽娘的鬼魂再现，仍然真诚相爱，遂冒险掘墓，丽娘再生，于是同往淮安求其父母许婚，几经周折，终成眷属。

汤显祖于明万历二十一年（1593年）初到遂昌时，看到的景象是怎么样的呢？他在给友人曾大理（江西吉水人，嘉靖进士，官至大理寺卿）的信中这样说："小国寡民，服食淳足。县官居之数月，芒然化之，如三家矔主人，不复记城市喧美。见桑麻牛畜成行，都无复徙去意。"

汤显祖才来遂昌几个月，看到这里山水秀丽，民风淳朴，就不想走了。他在给佘内斋（安徽铜陵人，万历进士）的信中说："平昌拥万家为长，含峰漱谷。大类五松（指铜陵），风谣近胜。琴歌余暇，戏叟游童，时来笑语。"描画了他的亲民场景。他上任之后，就杀盗，严惩不法强徒，消灭伤害人畜的虎患，使百姓过上太平日子。修建相圃书院、射堂、学舍，并将城隍庙和寿光宫道院的田产划移一部分给书院使用。他还修建了用于藏书的尊经阁，修建了启明楼（钟楼）以定晨昏。本地有些豪绅之家，仗着有人在朝廷做官，霸占田地，却又隐田瞒税，拒纳田赋，汤显祖一一查实，予以追缴。他还做了一些当时官吏不敢为之事：大年除夕，将囚犯放回家过年。他曾写《除夕遣囚》诗记其事：

> 除夜星灰气烛天，醵酥消恨狱神前。
>
> 须归拜朔迟三日，滥见阳春又一年。

在元宵节的晚上，又将囚犯放出观灯，与民同乐。其有《纵囚观灯》诗曰：

> 绕县笙歌一省图，寂无灯火照圆扃。
>
> 中宵撤断星桥锁，贯索从教漏几星。

汤显祖在给友人的信中说道："弟邑治在万山中，士民雅厚。既不习为吏，一意劝安之，讼为希止。""赋成而讼希"，正是他"教化"的政效。当年就有"一时醇吏声为两浙冠"的评语（邹迪光《汤显祖传》）。

汤显祖写诗描述在遂昌生活的情景：

> 平昌四见碧桐花，一睡三餐两放衙。
>
> 也有云山开百里，都无城郭凑千家。
>
> 长桥夜月歌携酒，僻坞春风唱采茶。
>
> 即事便成彭泽里，何须归去说桑麻。
>
> 偶来东浙系铜章，只似南都旧礼郎。
>
> 花月总随琴在席，草书都与印盛箱。
>
> 村歌晓日茶初出，社鼓春风麦始尝。
>
> 大似山中好长日，萧萧衙院隐焚香。

诗中传递给我们的是多么美好的一幅遂昌风情画卷啊！在这"神仙曾作县"（见汤诗）、"幸遂昌无事"（见汤文）的仙县，他这个"仙令""借俸著书"（见汤文），改定旧作《紫钗记》传奇，又开始创作传奇《牡丹亭还魂记》。他还写了不少劝学、劝农的诗文和题咏遂昌山水的诗篇。当时任吴县知县的袁宏道（字中郎，公安人，万历进士）致信汤显祖："作吴令，备诸苦处。不知遂昌仙令趣复云何？"

汤显祖称遂昌为"仙县"，自诩为"仙令"，在当时官场传为佳话，故袁宏道亦以"仙令"称汤显祖。官场习称的"汤遂昌"，不如戏称的"仙令"叫得响，影响深远。

汤显祖回乡后，一直保持与遂昌士民的联系。他在给遂昌士人叶子阳的信中写道："生在平昌四年，未尝拘一妇人，非有学舍城垣公费，未尝取一赎金。此义可质之父老子弟而尤可择言者也。"遂昌派画师到临川画汤显祖像悬挂于相圃书院，汤显祖给遂昌士人时君

采茶

可的信中说："平昌祀我，我以何祀平昌也？昔人云，天下太平，必须不要钱不惜死，生或不愧此文官耶！"

遗爱祠自古以来都得到保护，代代传承，是遂昌唯一一个为知县建立的纪念祠。

《遂昌县志》（清光绪版）载有清道光进士吴世涵拜谒遗爱祠的诗：

> 临川一老仰清标，花下芳祠拜寂寥。
>
> 贾傅立朝惟痛哭，庄生作吏亦逍遥。
>
> 孤臣志业抛荒棘，仙令文章泣鬼魃。
>
> 留得山城遗爱在，迎春岁岁入歌谣。

"迎春岁岁入歌谣"是说汤显祖当年为班春劝农所写的诗，在山歌、茶歌中传唱、传承下来。汤显祖在遂昌写了不少咏赞遂昌山水、风土人情的诗和文章，是留给遂昌人民的宝贵财富。汤显祖当年的班春劝农，不仅是后来一些县官的楷模，更是农耕文明史光彩的一笔，也在遂昌民俗中留下了辉煌。

（二）汤显祖的班春诗文

明万历二十一年（1593年）三月，汤显祖到遂昌任知县，在民间访问中，于青云坊与一姓苏的秀才交谈，了解到本地的耕读情况，写下了来遂昌后的第一首诗：

初至平昌与书生说耕读事

岑花轻浅讼庭闲，零雨疏风一往还。

今日班春向谁手？许卿耕破瑞牛山。

青云坊下老明经，河边桥畔处士星。

不为峨眉风骨远，书声那得醉余听。

明万历二十二年（1594年）有诗：

迎春口占二首·甲午

并得花齐近午衙，花前含笑插乌纱。

不妨春色迟迟好，等是春三二月花。

去岁春花插较迟，风烟晴雨半参差。

年来乞与春晴好，得见河阳似旧时。

明万历二十三年（1595年）有诗：

班春二首

今日班春也不迟，瑞牛山色雨晴时。

迎门竟带春鞭去，更与春花插几枝。

家家官里给春鞭，要尔鞭牛学种田。

盛与花枝各留赏，迎头喜胜在新年。

眠牛山又名"瑞山""瑞牛山""睡牛山"。汤显祖说："官家给你春鞭，就是要你们'鞭牛学种田'啊！"

明万历二十四年（1596年）有诗：

丙申平昌迎春晓云如金有喜

仙县春来仕女前，插花堂上领春鞭。

青郊一出同人笑，黄气三书大有年。

丙申平昌戏赠句芒神

春到平昌立四年，句芒迎在土牛前。

也知欲去河阳宰，为与催花早一鞭。

汤显祖说："今天迎春，朝霞满天，是一个好日子啊！今年一定是个丰收的'大有年'。"

他说："芒神都走在春牛前面了，要我们提早耕田啊！"

"我到遂昌已四年了，可能也要调任了，为了今年的丰收，我和你们一起挥动春鞭啊！"

明万历二十五年（1597年）有诗：

丁酉平昌迎春口占

琴歌积雪讼庭闲，五见阳春凤历班。

岁入火鸡催种早，插花鞭起睡牛山。

汤显祖说："这是我到遂昌的第五个春天了，大家过着太平日子，县衙里也很清闲。今年是火鸡年，要早点播种。赏给你们插花了，去'鞭起睡牛山吧'。"

汤显祖主持迎春时的劝农外，还要到乡下去劝农。录其诗作两首：

吴皋春作

唤起青牛更莫眠，吴皋春雨杏花天。

他山种树能多少，留作陶家酒米田。

金 竹

村鼓坛神六日招，豚肩斗酒去安苗。

儿童逐手争抛食，社长分头看插标。

吴皋村一景

　　汤显祖以诗记事，以诗寄情，以诗传史，留传给我们农耕文明的历史信息：

　　（1）当年的班春劝农是和立春日"迎句芒神""出土牛"等民俗活动在一起进行的，县官是主祭人，由政府出钱办理，是地方官例行公务。

　　（2）迎春仪式的地点在眠牛山麓。"鞭起眠牛"，真是汤显祖的一个心愿。

　　（3）诗中记录当年迎春时的气象信息。如乙未年的"雨晴时"，丙申年的"朝霞如金"，丁酉年的"积雪"等。民间有很多气象谚语，遂昌也有，如"立春一日晴，四季雨水匀"，"立春晴，孤老丐儿喊太平"。难怪汤显祖的《丙申平昌迎春晓云如金有喜》中写着"黄气三书大有年"了。

（4）知县汤显祖要举行赠送"春鞭"和"插花"仪式。春鞭，涂有彩色或缠彩布条的竹木小杆，象征催牛耕田的打牛鞭。插花的花，该是丝绵材料手工制作的饰品，非梅、杏真花，当时还是带来福运的吉祥花。得到花朵的百姓，男的将花插在冠巾上，女的插在发髻上。汤显祖自己也"花前含笑插乌纱"。

（5）汤显祖还要下乡，去吴皋（离城约三里）、金竹（离城约八十里）等地劝农。诗中记录了金竹村民过社日的场景。社日，是祭土地神的传统节日。一年过两个社日，立春后第五个戊日叫"春社"，立秋后第五个戊日叫"秋社"。显然，汤显祖是赶春社来了。

汤显祖的劝农诗已"迎春岁岁入歌谣"了。他又在他的名著《牡丹亭》中专写了第八出《劝农》。剧中表现的虽是南宋时南安太守杜宝下乡劝农的故事，剧中情节无疑是汤显祖当年在遂昌"班春劝农"的"自拍"。如乡里父老说的"恭喜本府杜太爷，管治三年，慈祥端正，弊绝风清。凡各村乡约保甲，义仓社学，无不举行，极是地方有福"。太守看到清乐乡春意盎然，由衷地感慨，脱口赞曰："山也清，水也清，人在山阴道上行，春云处处生。"乡村父老对曰："官也清，吏也清，村民无事到公庭，农歌三两声。"这说的不就是汤显祖吗？

让我们打开《牡丹亭》，读一读"劝农"这出戏。

《牡丹亭》第八出　劝农

【夜游朝】（外引净扮皂隶、贴扮门子同上）何处行春开五马？采邠风物候秾华。竹宇闻鸠，朱轓引鹿。且留憩甘棠之下。

【古调笑】"时节时节，过了春三二月。乍晴膏雨烟浓，太守春深劝农。农重农重，缓理征徭词讼。"俺南安府在江广之间，春事颇早。想俺为太守的，深居府堂，那远乡僻坞，有抛荒游懒的，何由得知？昨已分付该县置买花酒，待本府亲自劝农。想已齐备。（丑扮县吏上）"承行无令史，带办有农民。"禀爷爷，劝农花酒，俱已齐备。（外）分付起行。近乡之处，不许多人啰唣。（众应，喝道起行介）（外）正是："为乘阳气行春令，不是闲游玩物华。"（下）

【前腔】（生、末扮父老上）白发年来公事寡，听儿童笑语喧哗。太守巡游，春风满马。敢借着这务农宣化？俺等乃是南安府清乐乡中父老。恭喜本府杜太爷，管治三年，慈祥端正，弊绝风清。凡各村乡约保甲，义仓社学，无不举行，极是地方有福。现今亲自各乡劝农，不免官亭伺候。那祇候们扛抬花酒到来也。

【普贤歌】（丑、老旦扮公人，扛酒提花上）俺天生的快手贼无过。衙舍里消消没的睃，扛酒去前坡。（做跌介）几乎破了哥，摔破了花花你赖不的我。（生、末）列位祗候哥到来。（老旦、丑）便是这酒埕子漏了，则怕酒少，烦老官儿遮盖些。（生、末）不妨。且抬过一边，村务里嗑酒去。（老旦、丑下）（生、末）地方端正坐椅，太爷到来。（虚下）

【排歌】（外引众上）红杏深花，菖蒲浅芽，春畴渐暖年华。竹篱茅舍酒旗儿叉，雨过炊烟一缕斜。（生、末接介）（合）提壶叫，布谷喳。行看几日免排衙。休头踏，省喧哗，怕惊他林外野人家。（皂隶介）禀爷，到官亭。（生、末见介）（外）众父老，此为何乡何都？（生、末）南安县第一都清乐乡。（外）待我一观。（望介）（外）美哉此乡，真个清而可乐也。

【长相思】你看山也清，水也清，人在山阴道上行。春云处处生。（生、末）正是。官也清，吏也清，村民无事到公庭，农歌三两声。（外）父老，知我春游之意乎？

【八声甘州】平原麦洒，翠波摇翦翦，绿畴如画。如酥嫩雨，绕塍春色苴。趁江南土疏田脉佳。怕人户们抛荒力不加。还怕，有那无头官事，误了你好生涯。（生、末）以前昼有公差，夜有盗警。老爷到后呵。

【前腔】千村转岁华。愚父老香盆，儿童竹马。阳春有脚，经过百姓人家。月明无犬吠黄花，雨过有人耕绿野。真个，村村雨露桑麻。（内歌《泥滑喇》介）（外）前村田歌可听。

【孝白歌】（净扮田夫上）泥滑喇，脚支沙，短耙长犁滑律的拿。夜雨撒菰麻，天晴出粪渣，香风合奄鲊。（外）歌的好。"夜雨撒菰麻，天晴出粪渣，香风合奄鲊"，是说那粪臭。父老呵，他却不知这粪是香的。有诗为证："焚香列鼎奉君王，馔玉炊金饱即妨。直到饥时闻饭过，龙涎不及粪渣香。"与他插花赏酒。（净插花赏酒，笑介）好老爷，好酒。（合）官里醉流霞，风前笑插花。把农夫们俊煞。（下）（门子禀介）一个小厮唱的来也。

【前腔】（丑扮牧童拿笛上）春鞭打，笛儿吵，倒牛背斜阳闪暮鸦。（笛指门子介）他一样小腰口，一般双髻鬟？能骑大马。（外）歌的好。怎生指着门子唱"一样小腰口，一般双髻鬟？能骑大马"？父老，他怎知骑牛的到稳。有诗为证："常羡人间万户侯，只知骑马胜骑牛。今朝马上看山色，争似骑牛得自由。"赏他酒，插花去。（丑插花饮酒介）（合）官里醉流霞，风前笑插花，村童们俊煞。（下）

（门子禀介）一对妇人歌的来也。

【前腔】（旦、老旦采桑上）那桑阴下，柳篓儿搓，顺手腰身翦一丫。呀！什么官员在此？俺罗敷自有家，便秋胡怎认他，提金下马？（外）歌的好。说与他，不是鲁国秋胡，不是秦家使君，是本府太爷劝农。见此勤劬采桑，可敬也。有诗为证："一般桃李听笙歌，此地桑阴十亩多。不比世间闲草木，丝丝叶叶是绫罗。"领酒，插花去。（二旦背

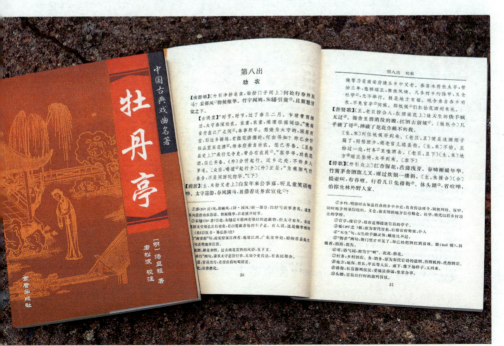

《牡丹亭》剧本

《牡丹亭·劝农》剧照

插花，饮酒介）（合）官里醉流霞，风前笑插花，采桑人俊
煞。（下）（门子禀介）又一对妇人唱的来也。

【前腔】（老旦、丑持筐采茶上）乘谷雨，采新茶，一
旗半枪金缕芽。呀！什么官员在此？学士雪炊他，书生困想
他，竹烟新瓦。（外）歌的好。说与他，不是邮亭学士，不
是阳羡书生，是本府太爷劝农。看你妇女们采桑采茶，胜如

采花。有诗为证："只因天上少茶星,地下先开百草精。闲煞女郎贪斗草,风光不似斗茶清。"领了酒,插花去。(老旦、丑插花,饮酒介)(合)官里醉流霞,风前笑插花,采茶人俊煞。(下)(生、末跪介)禀老爷,众父老茶饭伺候。(外)不消。余花余酒,父老们领去,给散小乡村,也见官府劝农之意。叫祗候们起马。(生、末做攀留不许介)(起叫介)村中男妇领了花赏了酒的,都来送太爷。

【清江引】(前各众插花上)黄堂春游韵潇洒,身骑五花马。村务里有光华,花酒藏风雅。男女们请了,你德政碑随路打。(下)

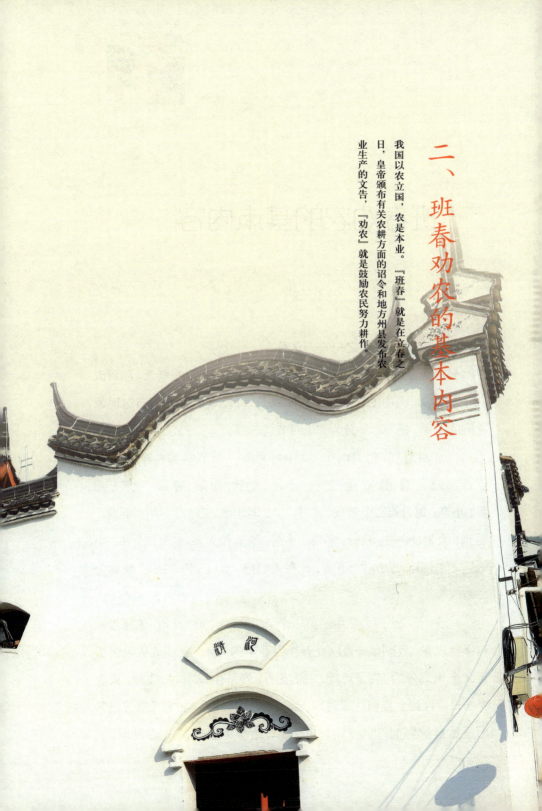

二、班春劝农的基本内容

我国以农立国，农是本业。『班春』就是在立春之日，皇帝颁布有关农耕方面的诏令和地方州县发布农业生产的文告，『劝农』就是鼓励农民努力耕作。

二、班春劝农的基本内容

[壹] 迎春接福

（一）二十四节气之一——立春

　　早在春秋战国时期，人们就有了日南至、日北至的概念。随后人们根据月初、月中的日月运行位置和天气、动植物生长等自然现象之间的关系，把一年平分为二十四节气。

　　二十四节气，每月两个。其中每月第一个节气为"节气"，即立春、惊蛰、清明、立夏、芒种、小暑、立秋、白露、寒露、立冬、大雪、小寒；每月第二个节气为"中气"，即雨水、春分、谷雨、小满、夏至、大暑、处暑、秋分、霜降、小雪、冬至和大寒。"节气"和"中气"交替出现，各历时十五天，现在人们把"节气"和"中气"统称为"节气"。

　　立春，是二十四节气中的第一个节气。"立"是"开始"的意思，自秦代以来，我国就一直以立春作为春季的开始。立春是从天文学意义上来划分的。春是温暖，鸟语花香；春是生长，耕耘播种。从立春当日一直到立夏前这段时间，都被称为"春天"。古籍《群芳谱》中是这样解释的："立，始建也。春气始而建立也。"立春期间，气温、日照、降雨开始趋于上升和增多。但这一切对全国大多数地方来说仅仅是春天的前奏，春天的序幕还没有真正拉开。

中国古代将立春的十五天分为三候："一候东风解冻，二候立春蛰虫始振，三候鱼陟负冰。"说的是东风送暖，大地开始解冻。立春五日后，蛰居的虫类慢慢地在洞中苏醒，再过五日，河里的冰开始融化，鱼开始在水面上游动。

二十四节气是我国古代科学家天文研究的依据，是民间传承的指导生产、掌握时令的指针。流传在遂昌的立春谚语有很多，现列举如下：

立春晴，一春晴。

立春一日，水暖三分。

立春三日，百草发芽。

立春一年端，种田早盘算。

立春雨水到，早起晚睡觉。

立春一日晴，四季雨水匀。

立春雨淋淋，阴湿到清明。

立春天气晴，百物好收成。

立春热过劲，转冷雪纷纷。

立春打了霜，当春会烂秧。

雷打立春节，惊蛰雨不歇。

两春加一冬，无被暖烘烘。

春寒多雨水，夏寒断水流。

立春晴，孤老丐儿喊太平。

立春下雨普天下，立夏下雨隔田塍。

最喜立春晴一日，农夫不用力耕田。

春争日，夏争时，一年农事莫宜迟。

一年之计在于春，一日之计在于晨。

立春雪水化一丈,打得麦子无处放。

夜立春，好年景；日立春，反年景。

在遂昌农村,大人孩子都能一口气背出从立春到大寒二十四个节气名称,还以山歌形式传唱,下面就是《遂昌二十四节气歌》：

立春梅花分外艳，雨水红杏花开鲜。

惊蛰卢林闻雷报，春分蝴蝶舞花间。

清明风筝放断线，谷雨嫩茶翡翠连。

立夏桑子像樱桃，小满养蚕又种田。

芒种玉簪放庭前，夏至稻花白似练。

小暑风吹早豆熟，大暑池边赏红莲。

立秋知了催人眼，处暑葵花笑开颜。

白露燕归又来雁，秋分丹桂香满园。

寒露油菜满田靠，霜降芦花飘满天。

立冬报喜献三瑞，小雪鹅毛舞蹁跹。

大雪寒梅迎风开，冬至瑞雪兆丰年。

小寒游子思乡归，大寒岁底庆团圆。

廿四节气农谚歌

正月	岁朝蒙黑四边天 但得立春晴一日	大雪纷飞是旱年 农民不用力耕田
二月	惊蛰闻雷米似泥 月中但得震三卯	春分有雨病人稀 棉花豆麦定丰收
三月	风雨相适初一头 清明风若从南起	沿村瘟疫万民悉 予报丰年大有收
四月	立夏东风疾病少 雷鸣甲子庚辰日	晴逢初八结果多 蝗虫成灾损稻禾
五月	端阳有雨是丰年 夏至风从西北起	芒种闻雷美亦然 蔬菜瓜果受煎熬
六月	三伏之中逢酷热 此时若不见灾危	五谷田禾多不结 定主三冬多雨雷
七月	立秋无雨灾堪忧 处暑若逢天下雨	万物从来一半收 纵然结果也难留
八月	秋分天气白云多 最怕此时雷电闪	万民欢歌好晚禾 冬来米价涨如何
九月	初一降霜损人民 月中红色人多病	重阳无雨一冬晴 若遇雷声菜价涨
十月	立冬之日怕逢壬 此日若逢壬子日	来岁高田枉费心 灾殃病症损人民
十一月	初一西风疾病多 冬至天晴无雨色	若逢大雪有灾魔 明年定唱磁平歌
十二月	初一东风六畜灾 若然此日天晴好	若逢大雪旱年来 下岁农夫大发财

《历书》中的廿四节气农谚歌

（二）立春是古老的民俗节日

立春是二十四节气之首，也是一个古老的民俗节日。遂昌虽地处山区，气候情况、耕地条件、耕作习惯与山外各地有所差别，但在立春这个全国性的节日，也要举行传统的民俗活动。遂昌人过立春叫"迎春接福"，有一套完整的传统程序，就是报春、采春、贴春、踏春、接春、咬春、吃春饼、送春盘、开春酒等，这些活动是城乡百姓以各家各户为单位进行的。城里百姓除了自家的"迎春接福"，还可以参与由政府主办的班春劝农活动。"劝农"就是鼓励农民耕作，是历代政府传承下来的一项制度化政事。它包括迎春神、抬着象征春牛的土制牛满街巷巡游，叫"出土牛"和"打春鞭"，祭祀后把土牛打碎，已成为一种赛会形式融入立春民俗活动中。立春之日，在过农历年之前或农历年之后，少见的是在农历正月初一，俗叫"重春"，是个吉庆好日子，祭祀也特别隆重。

1. 报春。又叫"送春牛"。送春牛的时间有严格规定，就是在立春前二三日进行。历书上有二十四节气到临时间，如果立春是当天午时以后，那么立春当天上午也还有送春牛活动。欢快的唢呐声中，春天来了。

春牛是用高粱秆小段扎成牛头、牛身、四条腿，用红纸缠身，长四五寸，高约两寸，非常简单。清晚期到民国，开始送木版印刷的彩色春牛图，图上画着一个头上分扎两个丫髻的牧童，据说这就是芒神。芒神手牵一条水牛，每年牛的朝向和芒神在牛前、牛后的位置都不相同，根据历书推算而定。随着印刷术的发展，后来有了石印的彩色春牛图，很受农民欢迎，可以贴在墙上作画看，又可提醒农事，那秸秆扎的小春牛也就不用了。遂昌送春牛图的由县城唯一一家轿行的吹鼓手和轿夫组成，三五人不等，但一定要吹两支唢呐。另一支是城郊畲村的畲民队伍。他们走街串巷，到了人家门口，吹起唢呐，向户主送上春牛图，户主给一个小红包。红包不大，最多一两角钱。收了红包，又到另一家去。有时同时有两组人送春牛，重复送上门也不会遭拒，同样给红包。人们认为这是祝福贺喜的意思。县城里商铺店面多，老板都欢迎送春牛上门带来财运。若有当年获得功名人家，红包也会大一点，有的还加赠一对小红烛。这些送春牛队伍并不是送完就散伙回家，而是仍然在路边、檐下吹唢呐自娱，畲民还带来锣鼓，吹吹打打，十分热闹，本地称为"闹春"。

2. 采春。又叫"插柳"。立春前一两日，采折柳条、柏枝、竹枝、万年青等常青植物，有条件的还折梅花，分插于大厅两旁和堂上花瓶里，还有准备祭神供品、打扫房间卫生等事情。按俗，立春这天是不出门购物的。

3. 贴春。张贴"迎春接福"等红幅。在供桌前、大门上贴"迎春接福"四个字的条幅或横额。福，就是幸福，运气好、福气好。有的会写"五福临门"。"五福"之说见于古代《尚书·洪范》："五福：一曰寿，二曰富，三曰康宁，四曰攸好德，五曰考终命。攸好德，谓所好者德；考终命，谓善终不横夭。"这是古老的信仰民俗传承下来的。有照壁或大门前有围墙的还要在墙壁上贴上"紫气东来"四字条幅，出自老子出函谷关传说：关令尹喜，见紫气从东边来，知将有圣人过关，果见老子骑青牛过来，尹喜便请他写下了《道德经》。后人因此以"紫气东来"表示祥瑞。

4. 踏春。农户家男主人在立春这天早晨到自家田里去走一圈（有的说要穿上草鞋），家里养牛的牵上牛去田里走一圈，向土地通报春天来了，要开耕了，表现农民对土地的眷恋之情。

5. 接春。在立春节气到来时，祭祀春神句（gōu）芒。首先要选供桌。供桌一般选红色八仙桌，横着摆靠大门口，桌上放香炉、烛台。左插梅花右插松柏，还放几根稻草于朝东方向。供五谷：黄豆、赤豆、芝麻、稻谷、玉米。供"五行素菜"金针菜（金）、木耳（木）、海带（水）、香菇干（火）、笋（土）。再摆上三杯酒、三杯茶、三碗素菜、一碗茶叶、一碗大米、一碗盐、一碗水。钵内加土植上一棵白菜（土语青菜叫"白菜"），桌旁放一只量斗或一只小木桶，里面装满稻谷、插上秤杆。煮一大饭甑白米饭，捂得高高尖尖的，饭上再插红纸条包裹的柏树、万年青、梅花、竹枝及一束筷和饭勺。立春时辰未到，饭勺朝外；时辰一到，饭勺朝内。祭拜春神以后，供品摆一天，然后把供品都搬到内屋放好，以示"五谷归

祭春

仓""饭菜归橱",保护好春来财运。

立春时辰一到,点燃一对红烛,打开大门,手捧香枝向东方揖拜以迎接春神,之后插香于炉。全家要一齐叩拜(过去只限男丁),说吉利话,祈求祥福,烧纸马,放炮仗,炮仗一定要从大门外面往屋里放,表示春神从天外接进屋来。香火从大门口插至香火堂、灶台。口中念:"接春,接福,接平安吉祥,接风调雨顺,接五谷丰登,接财源广进。"

立春日,人们一般不付出财物,钱不外借,不倒垃圾,若有人借钱或讨债,对方就说再隔一天,意为守住财气,怕破了财运。

6. 咬春。立春要吃生菜也是传统习俗。陈元靓《岁时广记》卷八引《唐四时宝镜》："立春日食萝菔、春饼、生菜，号春盘。"杜甫《立春》诗："春日春盘细生菜，忽忆两京梅发时。"遂昌人吃春饼时卷生萝卜丝，俗称"咬春"。

7. 吃春饼。遂昌春饼有两种做法：一是用面粉做皮，里面包三种素菜馅，即青菜、萝卜、南瓜，其中青菜必用。在烧热的锅里擦点茶籽油，将做好的六七厘米长的春饼煎成金黄色，吃起来饼面脆香，这是县城人家的一种吃法。乡下人家大都用玉米粉做，里面包青菜、萝卜、南瓜或腌咸菜加辣椒等。

8. 春盘，也叫"送春盘"或"尝春"。"送春盘"，就是邻里之间互相馈送煎好的春饼。春饼小小的，只有遂昌端午节时吃的大煎饼的三分之一。一般盘里放上四个煎饼，叫"四季如春"，有的会装上八个春饼，叫"八节长春"。大家一起吃春饼"尝春"，这是在节日里互相祝福、睦邻友好的传统习俗。立春节俗活动也就在尝春活动中结束了。但人们并没有闲下来，无论立春日在前或后，它都是和春节的民俗活动联系在一起的。春节的传统风俗是堂屋里挂上祖宗画像，祭祀祖宗，再就是合家团圆吃年夜饭。春节另一大祭祀风俗就是"开门大吉"，在农历正月初一到来时祭天地，俗称"接天地"。祭祀礼仪如同祭春神。只是春神是吃素的，这些天神地祇却要好酒好肉奉祀，供品要用"三牲"，即猪头、全鸡、全鱼。"接天地"也是各家各户自行举行的年俗。

遂昌民间，现在还保留一些祖辈相传的过年风俗，以西乡大田村为例，记述如下：

1. 酿酒。农历十月初十开始酿制糯米酒，俗称"十月缸"，用于春节时招待客人。传说此日酿酒，有酒仙下凡相助，出酒率高，味道香醇。

2. 砍柴。山区冬天雨雪天气多，农民往往在作物收冬之后便准备些柴火，又叫"过冬柴"，够烧半年左右。

3. 做新衣。立冬后，大户人家要雇裁缝师傅上门定做全家人过年的新衣裳。旧时，农村人只有盼到过年才有一套新衣裳穿，鞋帽一般家庭都自己会做。

酿糯米酒

4. 做黄米粿。农历十一月末开始，男主人就得上山砍一种灌木（俗称"黄米粿柴"），烧成木炭数担，挑回家中化三四天，完全成灰。腊月上旬做黄米粿，用开水冲泡粿灰过滤后，煎成浓浓的灰汁，粳米放灰汁里浸透，烧成饭在石臼上杵，经两三次烧煮和杵，做成柔韧的黄米粿。过年做黄米粿是当地最普及的食品制作，每家都做，少则几十斤米，多则几百斤米。

5. 刷尘。腊月半前后，选水日刷尘，称"治火日"。这一天进行大扫除，凡桌子、凳子、菜橱、碗碟、灶头都擦洗干净。"尘"与"陈"谐音，又叫除"陈"迎新。

6. 煎糖。腊月廿日过，准备做糖果。大田人大都用糯米煎糖，两斗糯米做一箱糖，一斗五斤，一般人家煎六七斗米，粮食紧缺时也用番薯或者采鸡爪梨、金樱子煎糖。糖浆经过麦芽分离，熬成糖油，加入芝麻、花生及冻米、爆米花、豆末粉等加工而成。

7. 制番薯松糕。将番薯去皮蒸熟，加糯米粉和芝麻做成粿团，切成薄片晾干，油炸或用沙子炒，也是过年吃的美食。

8. 做豆腐。腊月廿二三日，浸黄豆做盐卤豆腐，分别做成油豆腐、豆腐干、白豆腐等。

9. 杀年猪。腊月廿三、廿四日，家养的猪杀了过年，称"年猪"。腊月廿五后不杀猪，腊月亥日不杀猪。杀了猪的人家要请亲友、村人吃"杀猪饭"。

黄米粿制作

磨豆子

　　10. 祭灶君。腊月廿三是送灶君神上天的日子（传说灶君廿三上天除夕回），因灶头做饭是家庭主妇的活，灶君神就由女主人祭送。晚饭之前，在灶君神位上摆三杯酒、三杯茶、状元糕、水果、小炒和菜等，点烛和上香，边拜边念："灶君神佛，好话传上天，坏话丢开边，一年比一年好，年年有丁添。"说完，烧纸马，将灶壁上的"上天奏好事，回宫降吉祥"对联和写有"供奉敕封东厨司命灶君尊神之位"的红幅烧掉，放炮仗。第二日收祭。年三十夜（除夕）接灶君，祭品如前，贴新写的神位红纸。

做豆腐

11. 蒸糕。腊月廿五、廿六日，蒸制年糕。过年是喜庆日子，蒸大红发糕既喜庆又吉祥，寓意年年发财年年高升。此外，还有青糕、糖糕和珠糕等。

12. 过小年。腊月廿五，按俗是接太公大人（列祖列宗）回家过年的日子。这天中堂要放太公牌位，祭祖用上"三盘"。"三盘"是指面条、糕、粿（黄米粿）。面条寓意长寿，糕寓意发家，粿寓意合家团圆。即日起教育小孩过年要讲吉利讨彩的话，不可"轻嘴烂肠"（土

蒸糕

话）。此外，腊月廿五又是清账还债日，一年到头往来债款都要在此日进行清算，一时不能还清的也要向对方商请缓还。

13. 除夕。有辞年、祭祖、吃团圆饭等习俗。一是辞年。大门、正堂贴上对联，柜、仓、橱、窗、房门及牛、猪、鸡栏门等都要贴上红纸条。从早上开始，拿着面条、糕、红鸡蛋、鸡、鹅、肉或猪头，持香、烛、纸、炮仗到田埂上祭拜田神（也叫"田伯公"），到社殿、夫人殿、文昌阁、叶氏宗祠等庙宇祠堂上祭，然后回家在天井檐口祭

除夕祭祖

拜天地，意为"辞旧岁"。二是祭祖。吃晚饭前供桌放置于香火堂前，称为"供太公"（泛指去世的长辈）。照壁挂太公画像，无画像的就竖太公牌位。供品称"二十碗""二十碟"，"碗"为荤素菜肴，"碟"为糕点果品。五碗一排，共四排。摆在最前面的还有猪头、鹅、肉、茶、饭、酒和点心。全家人手持香跪拜太公，后再烧纸，纸灰飘起来，就说是太公见了很高兴。三是吃宵夜。年三十晚上的年夜饭，家人在外的都要赶回家吃团圆饭。每家每户都储备足够的米饭和菜肴，钵钵罐罐全装满，吃得样样有剩余，三日内不烧新鲜饭菜。菜要选含有吉祥之意的，如芋、鱼与"余"谐音，小炒和菜（八

宝菜)寓意连年有余、和气生财。午后四时许,合家吃团圆饭,村人叫"宵夜"。若有家人外出未归,还要在餐桌上为其放好碗筷,斟上酒,寓意团圆。夜晚吉时(九时左右)放炮仗封大门,封了大门要守夜,又叫"坐寿""守岁",长辈发给小辈压岁红包,有压邪保平安之意。

14. 初一至初三。年初一吉时开大门,旧时有隆重的祭天仪式,也叫"接天地"。供桌上方挂着"开门大吉"红幅,主祭人念道:"开门大吉、人口清吉、五谷丰登、六畜兴旺、四季发财、万事如意。"祭礼毕,放炮仗,顿时烟花炮仗声响成一片,进入欢乐的新年。初一大清早,大田村农家的男主人都要拿一副香烛到社主殿给社主拜年,路上遇见熟人互不搭话,俗信认为万一回不好话会造成来年不顺。直到料理完毕各自回到家后,女人才可以领孩子们一起去上香叩拜社主。路上小孩见到长辈要上前作揖。新娘子还要赶早抢烧早香,祈求添子添福。初一早起,每户人家都让小孩新衣口袋里装满糖果零食,小孩又有红包又有吃的零食,自然很高兴,开口就说"吃得又多""装得又满"这些吉利话。正月初一这天,还有一些禁忌:初一大田村程姓人家吃素食一天;俗信以为初一是柴、扁担和扫帚的生日,此日不砍柴、不挑水、不扫地、不倒垃圾,不用针线、剪刀、菜刀,烧柴要选干燥易燃柴火,烧起来"呼呼"声是柴发出的笑;初一让主妇歇息,男人下厨做饭;也不出门会亲访友,总之一切皆以顺

元宵舞龙

当、祥和、欢乐为妙。初一起要全家一起用餐，用餐前先供祀祖先，后自己吃，要到初五以后才随意如平常日子。

初二是女人回娘家拜年的日子，带着丈夫、孩子去拜父母。初三开始串门走亲拜年，小孩到亲戚家首先是向主人家长辈作揖，然后跪拜亲戚家的太公，亲戚长辈要给小辈一个红包。新婚夫妇叫"新亲拜年"，到女方娘家分送所有亲戚礼包（早时是橘饼和白糖，后有

遂昌班春劝农

元宵舞狮

茶灯舞

茶灯戏

马灯舞

桂圆和荔枝,现为大小礼盒),收到礼包的亲戚要请新年酒宴,并请内亲人陪伴新娘新郎。

15. 谢年。初四或初五,收起太公画像,将除夕夜供太公的供品放锅里热一热,换些新鲜点心,重新摆放一次,再点燃香烛、烧纸、朝拜、放炮仗、收祭,称为"谢年",又叫"开年架"。大田村还有谢、赖、项姓氏的人是年初五"开年架"的,开了年架,表示新年已过去了。

16. 正月半闹元宵。从正月十四开始到正月十七结束。正月十四这天,每户人家送祭品到社殿、夫人殿摆祭,祭品称"二十四碗、二十四碟"。有"三盘祭"(粿、面、红鸡蛋)、"三牲祭"(鸡、肉、豆腐)、小点心(用米粉雕塑的多种造型),糕点果品花样繁多,整个殿堂灯火通明,村民自发组成的乐队吹吹打打,鼓乐喧天,正月十五、十六舞龙舞狮子,这些活动合称为"闹元宵"。正月十六是大田村的进灯日,这一日除了本村灯舞活动以外,还有周边村的龙灯、狮子、茶灯、花鼓灯等都会来大田发帖表演,帖子上写"今晚×灯到贵府恭贺新春",落款"×××灯队"。十七日上午,放鞭炮收场。

17. 杀龙、杀狮子。正月二十晚上"杀龙",就是将龙灯纸撕下来烧掉,放在溪里让水冲走,表示送龙进宫了。"杀狮子"也是锣鼓喧天将舞狮送至溪滩边,摁倒在地,拔去狮子身上的毛,把狮子骨架拿回祠堂放好,下年再用。杀了龙和狮子,大家伙吃顿饭就散了。

村民们说，旧时过年要准备许久，太费时费力，不符合当今社会节奏。如今煤气、沼气代替了柴火，吃的、穿的市场上应有尽有，全能买上。就连磨豆腐、做黄米粿也机械化了，只是养年猪、鸡和鸭等还是自家养的好吃，时兴叫"土猪""土鸡""土鸭"。

绿色食品，已是来此旅游的客人餐桌上的美味佳肴。年俗中"祭天地""祀诸神"的风俗已渐渐远去，但祀祖是年俗中崇德报功、睦族睦家和追求福祉的民俗，会永远传承下去。从一个村就可以看到遂昌的淳风美俗。

（三）立春是班春劝农的平台

我国以农立国，农是本业。"班春"就是在立春之日皇帝颁布有关农耕方面的诏令和地方州县发布农业生产的文告，"劝农"就是鼓励农民努力耕作。历代政府也都会有一些"惠农"的举措。农民"脸朝黄土背朝天"，一年辛苦下来，图个温饱就很满足，立春时，受到官府一些劝慰、勉励，也会高兴。官府则利用民俗中立春"出土牛""打春鞭"的风俗，举办祭春神活动，抬着象征春牛的土牛游行，同样旗幡执事，鼓乐喧腾，炮仗不绝。与抬着城隍、太保神像出巡不同，那是驱鬼镇邪的，有一种神威肃杀之气，出土牛是迎接春天到来的欢乐赛会，沿街儿童还可在抬着的土牛下面钻来钻去，求福保平安。土牛巡游后，官民一起用五彩竹杖将土牛打得粉碎，遂昌俗称"打春鞭"。人们抢拾一点碎土块回家供在家中或放到田地里，会带来丰收。早在南宋时，县人王镃，字介翁，有作品《月洞诗集》传世，其中有一首《立春》诗就是当年遂昌立春和劝农的写照："泥牛鞭散六街尘，生菜挑来叶叶春。从此雪消风自软，梅花合让柳条新。"

　　遂昌的立春劝农活动一直传承到清宣统时，入民国就没有政府主办的"出土牛"活动了，只有民间的"迎春接福"立春习俗传承至今，寄托着人们对美好生活的希望。

[贰]劝农盛事

（一）劝农是我国农耕史册上闪光的一页

　　我国历史悠久，自古以来就以农立国，以农为本。秦《商君书·垦令》曰："民不贱农，则国安不殆。"农业收成丰歉，是影响封建王朝兴衰、社会安定的大事。"劝"有"劝慰""劝勉"之义，"农"就是农业，"劝农"就是鼓励耕作，是历代王朝的重要国策。皇帝要发布诏令施行一些扶农惠民政策，要通过一些民间喜闻乐见的形式来动员宣传，这就是"班春劝农"。

　　《史记·孝文本纪》曰："正月，上曰：农，天下之本，其开籍田，朕亲率耕，以给宗庙粢盛。""籍田"是皇帝、诸侯的私田，由百姓以徭役耕作生产，不给报酬。汉文帝在自己私田里扶犁耕田这一行为，却是影响深远、鼓舞人心的新闻。当然靠皇帝扶犁耕田"作秀"是不够的，还得有实惠。该书还写道："上曰：农，天下之本，务莫大焉。今

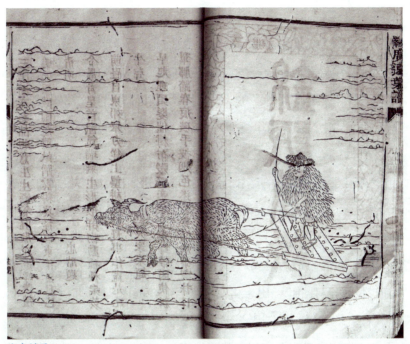

古农耕图

勤身从事而有租税之赋，是为本末者毋以异，其于劝农之道未备。其除田之租税。"

汉景帝继位后，也推行文帝的"与民休息""轻徭薄赋"政策，使生产得到恢复和发展，土地开发，人口增多，这一时期出现了多年未有的富裕景象，被誉为"文景之治"。又如历史上为人称誉的唐代"贞观之治"，也是在隋末战乱之后，注重"百姓安乐""休养生息"，推行"均田制"等惠农政策，使人口增加，经济得到恢复和发展。

　　"劝农"既是重要国策，历代政府都设有专职官员。春秋时期鲁国就有掌管土地和生产的官员，叫"田正"。朝代不同，官名各异，有称"农官"或"劝农使"的。西晋文学家束皙，曾官尚书郎，他写了一篇《劝农赋》："维百里之置吏，各区别而异曹。考治民之贱职，美莫当乎劝农。"

　　唐宋八大家之一的苏轼，曾多年担任知州，对地方民情是熟悉的，他写的《鸦种麦行》诗中有"农夫罗拜鸦飞起，劝农使者来行水"之句。

　　除了在立春前后发布一些惠农诏书政令之外，还在立春节日由官府举办"迎春神""出土牛"等赛会形式的民俗活动。《礼记·月令》记载："立春之日，天子亲率三公九卿诸侯大夫，以迎春于东郊。"由皇帝亲自率百官到东郊迎接春神，可见劝农是一项非常隆重的仪式。

　　据一些资料描述，迎春活动可以上溯至周朝，历代迎春都是一个盛大的节日。迎春队伍一律打着青色的旗子，穿着青色的衣服，坐着青色的车子，浩浩荡荡，吹着牛角号，唱着歌，跳着舞，挥动有羽毛的仪仗，场面十分热闹。队伍来到事先搭好的祭台，拜祭句芒神。还有"鞭土牛"（就是用泥土塑制的牛）仪式，从皇帝开始，官员按品级高低依序用五色的竹杖将土牛击碎，俗叫"鞭春"，竹杖叫

"春鞭",意在要人们勤于农耕。州、县地方官也在这一天举行劝农活动,抬着春神和土牛满街巡游,最后将土牛用"春鞭"打碎,百姓蜂拥而上抢拾土牛碎块,叫"抢春",拿回家分撒于屋内、牛圈、田地里,可保家庭平安、家畜繁殖、田地丰产。不知是哪朝皇帝开始,皇帝不再亲自到东郊迎春,而是叫官员抬土牛到皇宫里"贺春"。由皇帝、皇太子、后妃"鞭春"了。南宋孟元老《东京梦华录》曰:"立春前一日,开封府进春牛入禁中鞭春。"可见北宋晚期,皇帝就已不出宫迎春了。

从此,京城官员抬土牛进皇宫向皇帝"贺春",成了皇家立春时节的传统制度。如南宋吴自牧《梦粱录》卷一云:"临安府进春牛于禁庭。"到了清代,《燕京岁时记》有记载:"立春先一日,顺天府官员,在东直门外一里春场迎春。立春日,礼部呈进春山宝座,顺天府呈进春牛图,礼毕回署,引春牛而击之,曰'打春'。"

出土牛、鞭土牛这一风俗起源甚古,高承《事物记原》有载:"周公始制立春土牛,盖出土牛以示农耕早晚。"见于正史的是不仅皇帝亲自迎春,在京师举行鞭土牛仪式,各地方官员也要主持当地的鞭春劝农仪式,历代传承。《后汉书·礼仪志》载:"立春日……郡国县道官下至斗食令史皆服青帻,立青幡,施土牛,耕人于门外,以示兆民。"清康熙、乾隆、道光时编修的三部《遂昌县志》均有"立春,先一日官府迎春于东郊,祭芒神、鞭土牛,民乃兴事。士民出观,以受生气"的记述。同在"赋税"目中，载有"迎春芒神、土牛、春酒银二两"。班春劝农成为地方官府的例行政务，将鞭春礼仪所需费用列入衙署岁出，可见官府对农耕的重视。

县人毛飞，是一位民国十三年（1924年）大学毕业生，他曾亲历亲见亲闻当年遂昌县立春日的民俗活动，写了一则《迎春》短文：

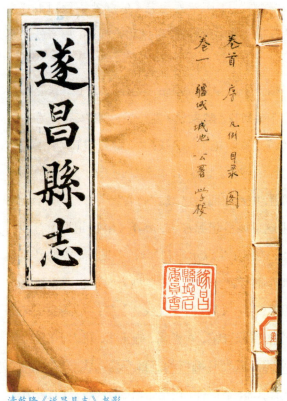

清乾隆《遂昌县志》书影

"俗于立春前一日，用篾裱厚纸制成春牛一只。按《通书》所画春牛图，头、尾、身、足，各涂颜色。旌旗导行，鼓吹抬行，历东南西北四城郊。由知县、捕厅亲下田耕犁以事劝农。春牛抬过街巷时，住民每有手持线穿黄豆，竞挂牛角上，并抱小孩从春牛腹下跨过，谓小儿出痘可稀少。自清宣统二年（1910年）举行后废止。交春时，家家备香茗，插梅花，点烛放炮，迎接新春。或有用红纸条，端书'迎春接福'贴门壁上，以求福利。"

这篇短文，可以说是离我们年代最近的一幅遂昌迎春图。两千多

清道光《遂昌县志》书影

年的古俗，能传承到清末，这是信仰民俗的魅力，也应归功于历代政府的劝农政策，以及地方官员的积极推行。

（二）《土牛经》与三个"五行"

土牛是立春日官府班春劝农时的一个实体农事指南，土牛造型是按"天干五行属性""地支五行属性""纳音五行属性"这"三性"

推算设计出来的。由皇帝颁布的制作土牛的统一规格和要求，不能有丝毫疏忽。土牛是精心打造的一件工艺品，但它是一尊神器，是春牛的象征，是祭祀"天牛"的载体。"出土牛"不仅动员春耕，还有降福驱邪的意义。在土牛赛事游行队伍里，遂昌就有巫师这个人神相通的使者走在前头的传说。制作一个土牛，要用三个"五行"作依据，听起来真有点玄乎。

传说周公时的"出土牛"，以泥土塑一耕牛模型，通过土牛的各种形态如开口合口、摆头摆尾等模样宣示气候情况，促民不误农时。两千多年来，已是历代政府"劝农"的主要内容。大概到了清代，土牛渐渐被纸牛所替代，鞭土牛成了鞭纸牛。可能鞭土牛或鞭纸牛听来不雅吧，故仍称"鞭春牛"或"打春牛"，遂昌民间则叫"打春鞭"。《遂昌县志》（1996年版）在"风俗"篇中有一则"打春鞭"："古时，立春日在眠牛山麓举行迎春仪式。县官沐浴素衣，率乡民烧香跪拜。供桌前放一纸糊春牛，内填五谷。由衙役扮作象征丰收的句芒神，县官首先以春鞭打纸牛，然后将事先准备好的春鞭发给农民，鞭打纸牛，纸破谷溢，以此勉励大家勤耕细作，争取丰收。"

文中没有提到鞭土牛。其实，遂昌也是经历从土牛到纸牛这段历史的。本地老人口传的一些有关当年"劝农"的点滴材料，说他们父辈是看到打纸牛的，纸牛篾扎纸糊，肚内装五谷，打破纸牛，人们都去抢五谷，捡到几粒也是好福气。他们还听父辈说土牛是县衙雇请外地塑佛像的艺人来做的，身上五颜六色。后来的纸牛也是彩色的，放在县衙大门板上，要八个人抬，阳年用东边那扇门，阴年用西边那扇门。牛嘴阳年口张开，阴年口闭合。这些传闻和我们今天看到的资料是相符的。宋仁宗景祐元年（1034年）颁布《土牛经》，规定了土牛制作的标准，全国执行，延续到后世。其中最重要的是以当年干支纪年的"天干五行"确定牛头颜色，以"地支五行"来确定牛身颜色，以"纳音"（纳音五行）来确定牛腹颜色，再以立春日的"天干"为牛的耳、角、尾色，"地支"为牛腿色，"纳音"为牛蹄色。又规定阳年牛嘴张开，牛尾左摆；阴年牛嘴合拢，牛尾右摆。所谓"阳年""阴年"，就是将天干十个数分为奇、偶，即甲、丙、戊、庚、壬为奇数是阳年，乙、丁、己、辛、癸是偶数为阴年。例如2014年干支纪年甲午，是阳年，2015年干支纪年乙未，是阴年。制作土牛的材料也要"辰日，取土水木于岁德之方"。还有牵牛的绳，也用"五行相生相胜"说，如立春日是干，干属金，克金者火，火是红色，那么牵牛的绳就是红色的了。土牛身上的绘色是"五方之色"。以天干五行、地支五行、纳音五行的属性来对应五方的五色，东方木青色，南方火红色，中央土黄色，西方金白色，北方水黑色。阴阳五行家也早已推算出天干地支的属性，如下：

天干五行属性

甲为栋梁之木，东方；乙为花果之木，东方。

丙为太阳之火，南方；丁为灯烛之火，南方。

戊为城墙之土，中方；己为田园之土，中方。

庚为斧钺之金，西方；辛为首饰之金，西方。

壬为江河之水，北方；癸为雨露之水，北方。

地支五行属性

子（鼠）属阳水，北方；亥（猪）属阴水，北方。

寅（虎）属阳木，东方；卯（兔）属阴木，东方。

巳（蛇）属阴火，南方；午（马）属阳火，南方。

申（猴）属阳金，西方；酉（鸡）属阴金，西方。

辰（龙）、戌（犬）属阳土，中方；丑（牛）、未（羊）

属阴土，中方。

　　"五行"中的金木水火土，"五方""五色""天干""地支"，
人们是较熟悉的。例如近几年我们遂昌就被称誉为"五行遂昌"。
我们不熟悉的是"纳音五行"。"纳音五行"是怎么回事呢？纳音的
"音"，就是古人在音律中的"五音"宫、商、角、徵、羽，对应今天的
哆、唻、咪、嗦、拉。古人想在"五行"、干支之外再加入音律来探索
人事，用音律来对应"五行"的金木水火土，叫"纳音五行"。可是从

古至今也没有看到纳音有什么真正的学术成果和纳音的正确解释，对我们今天来说，这还是个谜吧。倒是命理学家用它结合人的生辰八字来预测人的命运，其中充斥不少牵强附会的说法，有着神秘的色彩。

从以上材料看，这王朝钦定的土牛造型老百姓看不明白，不了解其中的深奥之处，因而又有了"凡春在岁前，则人在牛后。若春在岁后，则人在牛前。春与岁齐，则人牛并立"和"阳岁人居左，阴岁人居右"之说。

土牛制作如此隆重、烦琐，运用"五行"的学理和祭祀，是封建王朝对耕牛的神化，也显示了对农耕活动的重视，起到劝农之效。民间崇拜牛，牛不仅替力耕耘，还提供了肉食和牛奶，剩下一张牛皮，也是战士身上的铠甲。民间传说，牛是天上的牛王，下凡来帮助人。神化牛符合了人们心意。鞭土牛打碎的土屑，被人们争抢，就因这是吉祥物，留传下"抢春"的风俗。

清乾隆《协纪辨方书·公规·春牛经》曰："'造春牛芒神，用冬至辰日，以岁德方取水土成造，用桑柘木为胎骨。牛身高四尺，象四时，头至尾椿长八尺，象八节。'每年夏历六月，由钦天监预定来岁春牛、芒神式样，于冬至后辰日，诸州县依形色取水土制之。"

到清末改用纸扎春牛，以竹为骨，外糊以纸。立春日，迎春仪式开始后，人们抬着身上披红挂绿、头插金花的春牛，由句芒神牵行或随行或并行，并有鞭春牛活动。

从上述事实可以看出，清朝廷每年六月都责成钦天监按纪年干支，推算次年春牛之颜色、形象，绘色，制成春牛、芒神图，然后发往各府县，官员再依图绘制春牛、芒神像，由主管祭春，众人持鞭打春牛，举行隆重的祭春仪式。春鞭又名"春杖"，宋陈元靓《岁时广记》卷八引《岁时杂记》曰："春杖事用五彩丝缠之，官吏人各二条，以鞭春牛。"其实，春鞭用料也很讲究，以立春日时间确定，即寅、巳、申、亥用麻，子、卯、午、酉用苎，丑、辰、未、戌用丝，后来也有用彩纸装饰春鞭的。

由此可见，土牛的历史很久，出现纸牛是晚清时期的事。遂昌老人说见到的纸牛五颜六色，应该是按古俗绘土牛一样给纸牛绘

六十年甲子纳音					
甲子	乙丑	海中金	丙寅	丁卯	炉中火
戊辰	己巳	大林木	庚午	辛未	路旁土
壬申	癸酉	剑锋金	甲戌	乙亥	山头火
丙子	丁丑	涧下水	戊寅	己卯	城头土
庚辰	辛巳	白蜡金	壬午	癸未	杨柳木
甲申	乙酉	泉中水	丙戌	丁亥	屋上土
戊子	己丑	霹雳火	庚寅	辛卯	松柏木
壬辰	癸巳	长流水	甲午	乙未	砂石金
丙申	丁酉	山下火	戊戌	己亥	平地土
庚子	辛丑	壁上土	壬寅	癸卯	金薄金
甲辰	乙巳	覆灯火	丙午	丁未	天河水
戊申	己酉	大驿土	庚戌	辛亥	钗钏金
壬子	癸丑	桑柘木	甲寅	乙卯	大溪土
丙辰	丁巳	沙中土	戊午	己未	天上火
庚申	辛酉	石榴木	壬戌	癸亥	大海水

六十甲子纳音

色的。

这里需要再提一下"五行""干支五行"和"纳音五行"，它们今天还活跃在我们的生活中。遂昌县城虽小，街头巷角还有三四个算命摊子，也有稳坐家中等客上门的算命先生，这些人就靠有点这方面的常识，替人算命赚钱，以此为生。至于婚嫁寿诞，走亲访友，出门旅游，建房破土，要选择一个吉日良辰，现在

2011 年历书中的鞭春图

是最常见的民俗，离不开这三个"五行"。其实，过去的老农也有这方面的常识。遂昌市面上流行有两种历书：一种是出版社出版的小历书，阳历1月1日开始，配上阴历月日、干支、星期、节日、节气，附春牛图、生肖图、纳音歌，等等。另一种就是一些私人命馆编印的"通书"，是以干支纪年的阴历正月初一开始，配上公历月日。这种历书可说是三个"五行"的读本。书中首页是八卦和春牛图，注明春牛体

形、尺寸、颜色；芒神身高、衣着、发型、年岁、立于牛旁的位置、当年纳音属性，等等。还有预测一年的地母经等，测十二生肖的运程，每日的宜与忌，各类神佛的祭祀日，周公解梦，张天师符法，等等，可说是一本农事、生活、民俗信仰的百科全书了。值得关注的是，年年刊有春牛图，让我们感到立春节日班春劝农民俗的影响和魅力。

（三）插花鞭起眠牛山

遂昌县城狭小，四面青山环立，南北二溪绕城，未筑城墙，只是东南西北四方造了城楼，东是来紫门，南是丽正门，西是阜成门，北是拱极门。这些城楼并无守土防盗功能，只不过是作为城乡区分的一个标志。县署设在城中心地段的君子山前，从宋元历明清到民国，县署都在这老县衙的地块上，未有迁址别建。新中国成立以来，遂昌县人民政府也建立在这古县衙旧址上。县署坐北朝南，在县署大门口向南望去，见到一座肖似卧牛形的小山在绵亘群山的环拥之中，这就是眠牛山，又名"瑞牛山"。传说自汤显祖在眠牛山下举行立春劝农鞭春牛以后直到清末，劝农仪式就固定设在眠牛山了。祭春神、鞭春牛固定在一个地点，数百年不变，可说是遂昌劝农的一个地方特色。

从已掌握的文字和口头资料，约略可以想象当年遂昌县城迎春鞭春的整个流程：

立春当天一早，将句芒神轿和土牛（后来是纸牛）摆置在东

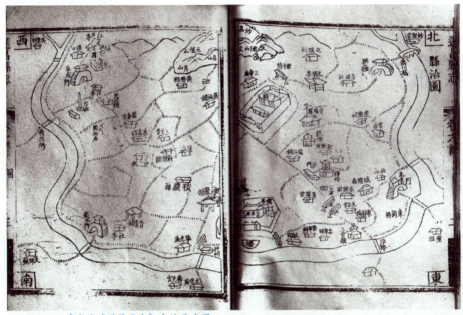

清光绪《遂昌县志》中的县城图

门外。牛身色彩按天干、地支、纳音三个"五行"属性颜色绘成。牛身高四尺，身长八尺，尾长十二寸，象征一年四季、八节、十二个月。土牛踏在县衙一扇大门上，按阴阳年用大门东扇或西扇。旁有执五色春杖的老农和穿戴乌纱官服的春官。这里一早就汇集了县官、典史（典史一职，元代始置，明清沿置。是知县属下掌缉捕、牢狱事务的官员。未设县丞、主簿的县，由典史兼之。俗称"捕厅"），县衙里的吏役和佐杂人员，乡绅、村社管事和杂户百姓，还有那打旗打幡的仪仗队、吹吹打打的鼓乐手。日出东方之时，县官

古瑞牛山

向东方烧香拜祝后，游行队伍鸣炮出发，从东门巡游到西门、北门至南门桥头。游过四门，小县城的主要街巷已走遍了。游行队伍中，芒神亭在前，土牛在后。走在最前面开道的可能有巫师，这也是"尚巫"山乡的传统风俗。队伍最后面是坐轿的县官、骑马的典史这一文一武地方官。游行中最受人关注的是土牛。有人以线穿黄豆挂在土牛角上，有妇女抱小孩穿过牛腹，祈求驱除天花病，保小儿平安成长，这是巫术，是巫信仰的残存。游行队伍穿过南门，过了南溪桥来到眠牛山麓。将土牛搁在备好的祭坛上，香案上摆着烛台、瓶花，内插梅、柳、万年青。供品是五谷之类。县官率乡民点烛燃香向春神土牛行跪拜礼。在香烟缭绕中，就在近旁的未耕田里置一挂五彩布条的耕犁，由县官、捕厅依次扶犁走上几步，四周群众齐喊："开耕了！开耕了！"这是汉文帝亲自扶犁耕籍田传下来的古俗。这时衙役向在场士民发春鞭，县官首先举鞭打土牛，群众高喊："一打风调雨顺，二打五谷丰登，三打国泰民安。"三打之后由县衙吏役、乡绅、村社管事、老农一齐上将土牛鞭打粉碎，尘土飞扬，或将纸牛打得肚内五谷四溢。乡民则争抢地上的土屑或谷粒，带回去放在香火前保全家平安，放在牛栏里保牛繁殖无病，放在田地里保丰收。最后的一项活动，是向在场的农民赏春酒、赏插花。插花并不是文人笔下的梅花新柳，小小山城哪有那么多绽开的梅花、发芽的柳枝供你采摘？插花是一种手工艺饰品，在竹簪上扎一朵红绒线小花球，可插在妇女发髻上，也可别在男人帽巾上。一年一度的劝农仪式在炮仗声中结束。

眠牛山是遂昌环邑十景之一，叫"眠牛积翠"。山麓还有十景之一"寿光仙迹"的紫极寿光宫，是塑有太上老君神像的道观，传说为唐代道士叶法善炼丹之处。县志载有一则道观奇事：宋政和年间，有人见老君神像上的眉毛发出亮光，州县官上表朝廷祝贺祥瑞，信道的宋徽宗不问真假，御笔亲书"紫极寿光宫"五字匾额赐给道观，从此香火大盛。后来有了太上老君离开遂昌的传说，他的坐骑青牛没有带去，留在这里看守道观，由此化为眠牛山，上千年来长眠不起。眠牛山景色秀丽，又有此类仙话相传，引得无数骚人墨客到此寻幽探胜，凭吊怀古，吟咏啸歌。

县人王养端、徐来章等人有诗歌咏"眠牛积翠"和"寿光仙迹"，摘录如下：

眠牛积翠

王养端

眠牛峰抱寿光宫，紫极宏开绿树中。

脱屣不逢章道士，挥毫犹说宋徽宗。

眠牛积翠

徐来章

有犊东来不记年，养成毛色碧芊芊。

一眠试问何时起，扣角长歌思渺然。

眠牛积翠

王憕

鼎元丹空散紫烟，隔溪岚翠尚依然。

不须更觅于菟迹，闲得青牛自在眠。

眠牛积翠

官学陶

骑牛一去已多年，牛傍丹邱自在眠。

牧竖相看鞭不起，任他芳草绿连天。

寿光宫（太保殿）旧址

寿光仙迹

郑　还

老子眉端现紫毫，道君褒翰委青篁。

一时胜事今如此，莫问元都千树桃。

今日眠牛山

以上列举的这几首诗，都载于《遂昌县志》。作者把眠牛山附会在仙话传说之中，当作仙迹来观赏，借以抒发思古之幽情，作一些世事兴废的感叹。而汤显祖是第一个将眠牛山与农业耕作对接起来

遂昌班春劝农

汤公园

的人，喊出了"今日班春向谁手？许卿耕破瑞牛山"之语，呼吁"插花鞭起眠牛山"。鞭起眠牛，激励农耕，这是汤显祖的智慧，也是他的一片苦心。汤显祖在知县任上，年年在眠牛山麓举行班春劝农仪式，又在眠牛山边修建了相圃书院，将紫极寿光宫的庙产划拨　部分给书院当学田，为当年的一项美政。

今天，眠牛山一带已建立弘扬汤显祖文化的主题公园——汤公园。园内立着高大的汤显祖塑像，供游人瞻仰。

三、春神神话与农事习俗

农耕序幕拉开，种田人忙了。家家一本老皇历，守着祖辈传下的农事耕作技术、经验教训和农具，形成了一套程式化的农耕习俗，父子相承，代代相传，极少变异和改良。

三、春神神话与农事习俗

[壹]春神神话

1. 鸟国的王子、东方的木神

我国古代神话传说中，春神句芒是西方天帝少昊的儿子。少昊在没有到西方当天帝以前，曾做过东方鸟国的国君。句芒就出生在鸟国，在鸟国成长。

句芒这个名字也很有趣。春天来了，那豆种刚破土时不是有一个弯嘛，那青草刚出芽时不是有一个尖嘛，"句"就是豆芽那个弯，"芒"就是草苗的那个尖。句芒长大后便帮他父亲干事。后来，少昊去当西方的天帝，句芒被留下来当了东方天帝太皞的助手。他手里抱着一个圆规，主管春天的一切事务，是春之神、生命之神，也是管理草木的木神。春天来了，万物复苏，草木萌发，一片青翠，人们用青色来迎祭他，正是对春神的喜爱和尊重。

我国古代神话大都收集在《山海经》一书中，自阴阳五行学说流行，加上方士、术士和巫、道打造的神系世界，使得一些古朴风俗产生变异，历史悠久的迎春风俗也是如此。

"五行"是以金、木、水、火、土五种物质说明万物的起源和多样性的统一, 出现相生相胜原理。"相生", 是互相促进: 木生火, 火生土, 土生金, 金生水, 水生木。"相胜", 即相互排斥: 水胜火, 火胜金, 金胜木, 木胜土, 土胜水。又把神界分为"五方": 东、西、南、北、中央, 标上五种颜色: 青(东方)、赤(南方)、黄(中央)、白(西方)、黑(北方), 即所谓的"五色据五方"。将四方配上四季, 即春——东方, 夏——南方, 秋——西方, 冬——北方, 再用天干地支搭配进去。天干十个数, 地支十二个数, 本是古人计数用的甲与子搭配按排序配下去, 可得六十次才逢上甲子。干支是记年月日时的。每个人出生时, 都有年月日时八个干支为记。旧时男女婚姻互换庚帖合婚, 就是以双方出生时的年月日时按五行说法推算相生相胜的关系, 俗叫"算八字"。

干支按方位排序, 即东方甲乙木, 南方丙丁火, 西方庚辛金, 北方壬癸水, 中央戊己土。最后安排了五位天帝和五位天帝的辅助神, 形成这样一份名单:

东方天帝太皞, 辅助他的是木神句芒, 手里拿一个圆规, 掌管春天。

南方天帝炎帝, 辅助他的是火神祝融, 手里拿一杆秤, 掌管夏天。

西方天帝少昊, 辅助他的是金神蓐收, 手里拿一把曲尺,掌管秋天。

北方天帝颛顼，辅助他的是水神玄冥，手里拿一个秤锤，掌管冬天。

中央天帝黄帝，辅助他的是土神后土，手里拿条绳子，四面八方都管。

黄帝是神国最高统治者。《周礼·天官·大宰》说大宰的职责包括"祀五帝"。"五帝"就是东方青帝、南方赤帝、西方白帝、北方黑帝、中央黄帝。根据这些材料，可知句芒的身世和职务。

所谓鸟国，是古代图腾崇拜时期一个以鸟作图腾信仰的氏族。正如神话中记述的黄帝阪泉之战，指挥熊罴、貔貅等参加战斗，就是以这些动物作图腾信仰的氏族、部族参战。

2. 句芒的形象

千余年来，遂昌人年年祭春神"迎春接福"，知县年年迎春神"班春劝农"，却没有传下当年迎春赛会时这位春神是什么样子的，也不见载于方志。春神没有被立庙奉祀，享受人间万年香烟。遂昌没有木神庙，却有一个火神庙，但不是祀祝融，而是奉祀华光大帝。另有多个水神庙，神不叫玄冥，而叫真武大帝。也没听说外地有句芒神庙。遂昌立春巡游队伍里确有一顶句芒坐的亭轿，轿内悬挂从春牛图上描画下的句芒神像。亭轿走前面，观众并不在意，热闹的是抬土牛处围拥着很多人。有一个由衙役扮演的穿乌纱红袍，蹬朝靴，手拿彩鞭的无品级官员，在土牛边做点小动作引人发笑，叫春官。但春官不是句芒神，像是游行队伍的领队。另一说是一老农手持彩杖，傍牛而走。这也不是句芒神，只能称作执春鞭的人。民间自有了春牛图（后来发展为历书），已经不需要句芒在牛前牛后来预报气候了。句芒神什么样子是个谜。我们只在古籍里找到春神句芒的原始形象，是鸟身人面。《山海经·海外东经》说："东方句芒，鸟身人面，乘两龙。"句芒之鸟身人面，说明居住在东方的太皞部族原本是一个以鸟为图腾信仰的部族，而句芒神也许就是该部族的图腾神。随着历史的发展，神话中的一些神性人物也会变异或消失。现在大家认可的芒神也就是春牛图上的那个小牧童，仍出现在每年的农历书里。

我们在《中国节日志·春节（浙江卷）》一书中发现，衢州的梧桐祖殿就是专门供奉木神（春神）句芒的寺庙。句芒神像是用梧桐木雕刻而成，俗称"梧桐老佛"。遂昌与衢州是近邻，遂昌人也听说过梧桐老佛，就是不知道梧桐老佛是句芒神，更想不到句芒也已是庙祀神了。该书记载："衢州市柯城区九华乡外陈村有梧桐祖殿，当地群众历来有在梧桐祖殿举行立春祭祀的传统。梧桐祖殿地处九华山九峰之一的梧桐峰，因寺内句芒神像由独根梧桐木雕塑而成，俗称'梧桐老佛'，殿名'梧桐'。传说春秋时，秦穆公有德行，天帝

派句芒给他添了十九年的寿命,故称'祖殿'。九华乡外陈村曾有老
殿,最晚建筑年代为清朝年间。后因发大水被毁,梧桐老佛被冲至
双水合井岸边,故于此地新建梧桐庙,于'文化大革命'期间被毁。
现位于村口的梧桐祖殿,建于民国二十二年(1933年)。建筑坐西朝
东,由两幢清代风格的四合院式庙宇左右相靠而成(主、副两殿之
间有侧门相通),硬山顶,占地面积558平方米,建筑总面积700余平
方米。主殿为二进二明堂,南北内墙绘有二十四节气壁画二十四幅。
正厅内主供春神句芒,用整段梧桐树根雕刻而成,高达2.5米;还供
奉四大天神和城隍土地。副殿供奉的则是如来佛祖。"

书中介绍梧桐祖殿在立春日祭春神,抬春神巡游,保留了传承
下来的风俗:

"迎春祭祀前,将案桌放置在梧桐祖殿大门外正中位,在案桌
前披上写有'迎春接福'字样的红纸。案桌中间放饭甑,盛得尖满,
甑后置一杯清茶,左右放置香炉、烛台、青菜、梅花、松柏、竹枝,象
征洁净、常青和富足。选八名少男八名少女,头戴柳条圈,手提油纸
灯笼,交春时刻半个时辰前站立于梧桐祖殿正门外两侧,按左四男
四女、右四女四男排列,寓意四时八节。悬挂二十四节气灯笼。定制
的二十四个二十四节气大号油纸灯笼,一面是'迎春接福'或'梧桐
祖殿',对面则是二十四节气名称,交春前一天全部悬挂在主殿正厅
春神像的左右两侧。入夜时点燃蜡烛,交春前再点燃蜡烛。

"撰祭文。写祭文往往按生肖年份来写相应的内容。扎春牛。在抬神迎春赐福巡游时处于各神像的前一端,供村民祭拜。除了立春,八月十五中秋节,我们这庙里也要抬老佛的。十一早上,抬老佛的人喝了酒,将老佛从山源里一路抬上去,到十五中午喝过酒之后,将老佛又一路抬下来。老佛经过农家门口,当年生了儿子的人都要抬一坛酒送给老佛。这中秋抬老佛,是为了感谢春神的保佑让大家得了丰收,算是谢老佛。"

3. 鸟图腾崇拜氏族的宗神

句芒是西方天帝少昊的儿子,是东方天帝太皞的属神。"昊"与"皞"在汉语中是同音同义的,为广大无边之义,是指天,也指一定季节的天,一定方位的天。句芒在东方天帝太皞属下管春天,西方天帝少昊带着句芒的弟弟蓐收管理秋天。

在我国神话传说中有着一个美丽、浪漫的爱情故事,主人公就是句芒的长辈。据古书《拾遗记》卷一所载,情节大致如下:

少昊的母亲皇娥,原是天上的仙女,住在天宫里织布。有时织布疲劳了,就驾一只木筏到天河游玩,常常溯流而上到西海边的穷桑树下。穷桑是一株万丈高的桑树,叶子是红色的,结的桑葚又大又圆,一万年才结成果实,吃了可与天地同寿。皇娥就喜欢在这大桑树下玩耍。有一次,一个少年到水边穷桑树下弹琴唱歌,和皇娥相识了。少年自称是白帝的儿子,实际上他就是人们早晨看到的启明星，也叫"金星"。他和皇娥一起玩耍，渐渐地产生了爱情，两个人都忘了回去。这少年就跳上皇娥的木筏，和皇娥一起划着木筏，漂浮在月光下的海上。两人用桂树的枝条做船桅，用香草做旌旗，又用美玉刻了一只鸠鸟，将这玉鸠放置在船桅顶端以辨别风的方向。传说鸠这种鸟能知道一年四季的风信风向。后世船桅上、屋顶上的"相风鸟"就是这样来的。少年和皇娥在木筏上弹着瑟、唱着歌，你唱我和，互相对歌，十分快乐。后来皇娥生了个儿子叫少昊，又叫穷桑氏，就是句芒的父亲。

少昊长大后便到东方海上建了一个少昊之国。这个少昊之国与众不同的地方是管理王国的臣僚百官都是各种鸟儿，按鸟的特性分工管理国家大事，可以说是鸟的王国，在《左传》《毛传》等古书上都有所记载。如燕子、伯劳、锦鸡分别管一年四季的天时，五鸠、五雉等分别掌管政事，凤凰就是百鸟的总管了。百鸟之王的少昊，神话中没有关于他的形象的记述，但他用"挚"作为名字，挚就是鸷鸟，是一种凶禽。句芒就在这百鸟啁啾、莺歌燕语中出生长大。后来少昊要去任西方的天帝，就留下大儿子也就是句芒来接管这鸟的王国，兼做了东方天帝太皞的属官。出生在鸟国的句芒，有一副鸟的身子也就不奇怪了。

[贰]农事习俗

二十四节气比较客观地反映了一年四季气温、降雨等方面的变化，是千百年来耕作实践得出的宝贵经验，是农事指南，是一部"农经"。"靠天吃饭"这句农村口头语，说明气象对农业生产是何等的重要；"风调雨顺、五谷丰登、六畜兴旺、四季平安"，是农耕社会人民的唯一祈求。"不误农时"是农业生产不可改易的铁的戒律。"人勤"是农民家风家训。农耕序幕拉开，种田人忙了。家家一本老皇历，守着祖辈传下的农事耕作技术、经验教训和农具，形成了一套程式化的农耕习俗，父子相承，代代相传，极少变异和改良。从种子落田到谷米归仓是一个很长的生产过程，农民是面朝黄土背朝天，一年到头忙不停。由于农事活动中对自然灾害和其他祸殃的无力抗拒，祈求神灵保护的各种对鬼神的祭祀、语言方面的禁忌，以及兆卜、巫术等信仰民俗也贯穿于整个农事活动中。

一年农活，人们按季而分：春耕（"耕"义为犁田），也叫"春播"；夏耘（"耘"义为除草），也叫"夏管"；秋收，也叫"刈谷"，收获稻谷；冬藏，是谷米归仓，保管储存好种粮和口粮。一年劳动所得如何，真是"几家欢乐几家愁"了。先从春天说起吧——

1. 备耕。从立春至清明历时两个月，是农民备耕过程，除了整修、添置农具，养肥耕牛外，主要是整修农田，包括挖沟、引水、沤肥、烧铲田地周边杂草、除螟虫卵、筑田塍等，其中做秧田是大事。稻种经过浸种催芽，在太阳将落山时播撒在秧田上。播种时要点三炷香、三张纸，把香夹在纸中间，插在秧田边，祈求田伯公（也叫

"田头土地")保佑秧苗生长旺盛。播种要选晴好天气,历书上的吉日。为了防止鸟雀偷吃谷子、秧苗,农民会扎一个稻草人插立在秧田边以驱赶鸟雀。各户秧田相邻多的地方,七八个稻草人,不畏风雨,屹立在田畈里,吓得这些鸟雀只好在田坎上叽叽叫,是农村一幅有趣的春景图。

2. 耕田。又叫"犁田",农田每年要进行两到三次翻泥,山区大都是山垄梯田形态,以黄牛耕作为主。耕田前选一个开犁吉日,到牛栏前祭拜牛栏神,点香烧纸。有的还对牛拜揖或在犁弓背上缠上红纸。从这天起,农户要给牛补充营养食物,如喂牛吃一些鸡蛋、麻糍和酒,给牛增添力气,是对牛的奖赏和慰劳。

耕田又分耕冬田和耕春花田。冬季的闲田,一般都在入冬后翻耕,以利冰冻冻松田土,冻死越冬害虫。春花田在春花作物收成时翻耕。

耕田有开犁心和剥皮耕两种。开犁心,就是从田中央一圈一圈耕到四周,有利于田间排水。这是一项技术活,如犁心未开正,会造成外围一边宽一边窄,留下未耕的田角田边要补耕,多花力气,牛也受累。剥皮耕,就是沿着田的外围向内犁到田中间。田土经过两三次翻耕,同时施入青沤肥、栏圈肥,让其均匀地在田土中腐烂、发酵、发挥肥效。再经耙、耖等农具操作,使田土成了厚厚的泥浆,田面水平如镜,就可以插秧了。

3. 种田。又叫"插秧",是农户最隆重的农事活动。要在立夏后小满前选定一个吉祥日,也就是历书上宜栽种的日子,排除初一、十五和天干中的"乙"日。在插秧的头日或当天,备上香烛、酒、肉、豆腐到本村土地庙、五谷祠祭拜,祈求谷物丰收、人畜平安。山田边的岩壁或大树下,用三块石头搭个小石门样的神庙,也叫"山魈庙",祈求山伯公(山神)或山魈(山鬼)保护,不受鸟兽侵害。

俗话说:"男人望种田,小孩望过年。"说的是插秧这几天的伙食特别丰盛,不亚于过年的年夜饭。早餐要给种田师傅(也就是雇请来帮助插秧的农民和亲友)发两个咸鸭蛋,有"没有咸蛋不捡秧"的说法。这天的伙食特别好,有鸡、鸭、鱼、肉、豆腐、鸡蛋等,晚餐还供酒来款待种田师傅。百姓说:"图吃就当种田老师傅、割谷客。"是说帮人种田、刘谷,东家伙食特好。

种田拔第一手秧叫"开秧门"。先用手向秧上泼水,表示向秧神祈求过,避免手被"秧风"所打,造成手痛、手烂。扎好的第一把秧要从胯下丢出来,据说可预防"秧风"。早晨日出前,将秧苗上的露水抖落,把根部的泥洗净。早上拔秧八十个称"一担",挑到大田栽插,种完算半工。要求种田师傅插得深浅适宜,每丛秧苗均匀,株距均匀,横直平整。

种田插秧是农活中最苦最累的,低头弯腰,手足泡在水里,又要做到株间相等,株行直横整齐,行行如一线牵,是一项技术活,难怪要称插秧者为"种田师傅"了。

4. 管理。秧苗种下后,重点农活是稻田管理。

第一是耘田,也就是除草。人下到稻田,拔除长出的杂草和稗苗,逐行逐株去检查拔除,压在田土下。

第二是施肥,将草木灰和人粪肥搅拌后捏制成球状,人下田将肥球塞在每丛稻根边。

第三是管水,就是保持稻田有水供应、蓄水排涝。农户每天早晚都要"看田水",需要有点气象知识和经验,调节排灌。

第四是防治病虫害。农谚道:"种田防三害,旱、涝和虫害。"遂昌农村有一些土办法,很有特色,如火把灭虫,即每两三个田头安装一个毛竹筒,内插松明(易燃的松木)或浸了煤油的竹片,晚上七八点钟时点燃,可烧个把时辰,飞虫扑到火里即烧死,有的被火灼伤后掉到水里淹死。又如桐油粘稻虱,取桐油倒入引水进口处,桐油顺水缓缓散流,浮在田中水面,稻丛中的稻虱会被桐油粘着,飞不起来而死亡。

5. 刈谷。稻子成熟后收割,也叫"秋收"。刈谷时主要农具是钩镰和打谷桶。打谷桶是高八十厘米、直径一米多的木制圆桶,配以桶梯、围簟、畚箕等。一只桶由六个劳力组合,即四人刈谷,两人打谷。农民从种子落田到打谷入桶,是一个漫长的付出和期待的过程,对打谷桶有一种特殊的感情,有不准用镰刀、扁担敲打打谷桶,小孩不准爬入打谷桶玩，妇女不得倚靠打谷桶歇力，桶底不能朝天等禁忌。打下的谷子晒燥后储存，也就是人们说的"冬藏"了，标志着一年稻作农活的结束。口粮和种粮分别储放。插香拜仓神，贴上写有"满"或"丰"字的红纸条。种粮忌存放在孕妇、产妇房中。

6. 尝新米。稻谷经砻、舂加工而成米。用新米煮的第一顿饭叫"尝新米"。有传下来的习俗：这一天，各家各户都做豆腐、煮肉、杀鸡。将新米做成饭，装上一大碗，备好五样斋菜，煮块肉，用篮子装好，带上香纸、烛到社殿祭祀五谷神和土地公公。回到家后，在门口摆一张桌，放香案、烛台，五杯茶、五杯酒、五碟斋菜、一碗新米饭和煮的肉、鸡等供奉天地，供毕后烧纸放鞭炮，接着拜香火、祭灶君，最后烧几道菜，在中堂奉祀祖宗。

中午，请来岳父母、父母、兄弟姐妹等一起尝新米饭。上桌后每人装好一碗饭，等男主人先尝第一口，然后一桌人开始喝酒、吃饭。同桌中辈分最高、年龄最大的人先动筷。每人吃饱后，碗里要留一口饭，以示有余。

7. 求雨。山区稻田大部分坐落在山垄里，古时十有九旱，有水无水全靠老天爷。逢久旱时，农民普遍"求雨"抗旱，祈求神灵来降雨，有祭神、上龙潭取水、设坛打醮等活动。祭神求雨一般上夫人庙、天师殿等神庙。如果旱情持续，则安排村里青壮年光头祖背，不许戴笠打伞，持陶罐或瓷瓶到几十里外山涧龙湫等传说中的龙居之处向龙"讨水"。一路上敲锣打鼓，放着火炮响铳，举着尖枪铁叉，拥卫龙瓶，几乎小跑着奔向龙洞。沿途村镇的百姓会在门口摆上煎豆腐、酒、粽子供这些人随意取食，表示对灾民的同情和支援。到达目的地，将瓶罐装满水，捉小鱼虾之类放入瓶中，说是龙的代身。将龙瓶置放在搭就的露天小台的供桌上，供全村人拜祝。有的地方叫"晒龙王"，让龙也尝尝这烈日下的感受。也有农民在烈日下陪晒。一般都请巫师来做三天法事。巫师手持令刀，吹响龙角，口念："龙角一声响灵灵，一张状纸告天庭。示得天皇体民情，风调雨顺保万民。龙角二声到天庭，百姓有求必有应。下方弟子受灾难，求得天皇开雨仓。龙角三声雨淋淋，淋得下界大地万物醒。万民百姓谢天恩，国泰民安庆太平。"

偶尔有几次求雨后即刻乌云笼罩，大雨倾盆，旱情缓解。也有晒干龙瓶水、晒枯龙代身仍然无雨，旱已成灾，收成无望，人们也只好自叹命苦，不敢责神只责已。求雨期间，最大的禁忌是必须吃素食，不得沾荤腥。地方官对旱情也无奈，只好下一道"禁屠令"，不准百姓吃肉。清光绪版《遂昌县志》竟刊有求雨龙居地点，如"白马山有上中下三井，龙潜之中，云常不散，谓三井龙湫。遇大旱祷雨辄验"。"九峰岩上有龙井，遇旱登峰，雩（yú，古代求雨的祭祀）雨辄应"。"大楼岩有龙安洞，时有黄龙出没，世人雩雨，无有不验"。"九井在邑西，有龙井九口，龙居其中，祷雨辄应"。"高墩井在高坪石壁上, 深不可测, 祷雨辄验"。

志书所载龙洞、龙湫尚有多处, 遍及全县。传说龙是施雨之神, 向龙求雨这一古俗一直传承下来, 新中国成立前还有"求雨"之风俗。

8. 农谚。农谚是前人留下来的农耕经验总结, 是农民从事耕作的口头教科书, 人人熟记, 个个会道, 直至今天仍在民间传诵。采记部分如下:

节气不等人, 春日胜黄金。

雨水明, 夏至晴。

雨水有水庄稼好, 大春小春一片宝。

正月十五雪打灯, 一个谷穗打半斤。

过了惊蛰节, 耕地不用歇。

春风无雨勤管田, 秋风无雨勤管园。

清明晴, 雨水匀; 清明暗, 水上岸。

小满有雨雨水足, 小满无雨五谷惨。

芒种鸣雷年成好, 今年黄牛不吃草。

芒种火烧天, 夏至雨绵绵。

夏至有雨三伏热, 重阳无雨一冬晴。

夏至有雷六月旱, 夏至无雷六月溢。

久晴响雷必大雨，久雨响雷天快晴。

初伏有雨，伏伏有雨。

小暑南风十八朝，晒得南山毛竹焦。

大暑打烂坝，大雪下一滴；霜雪又加雾，旱得受不住。

大暑热得慌，四个月无霜；雨中知了叫，报天晴又到。

秋天大雾扑人面，当天太阳赤炎炎。

蚂蚁搬家，大雨来临。

立秋无雨甚堪忧，谷物从来一半收。

处暑无雨一冬晴，处暑有雨一冬淋。

雨打白露，天天溜路。白露晴，晒谷不用晒谷坪。

寒露有霜，晚稻伤；寒露北风，小雪霜。

寒露一到百草枯，薯类收藏莫迟误。

霜降没下霜，大雪满山冈。

立冬不动风，冷到五月中。

小雪天空晴，来年雨水匀。

小雪雪满天，来岁必丰年。

冬至暖，烤火到小满。

冬至雨，除夕晴；冬至晴，除夕地泥泞。

小寒大寒，冷水成冰；大寒天暖，冷到二月满。

大寒不寒，人马不安；大寒三白，有益菜麦。

雪打正月节，二月雨不歇。

人误地一时，地误人一年。

人不误地的工，地不误人的粮。

修塘如修仓，蓄水如蓄粮。

积肥如积粮，粮在肥内藏。

种子不选好，满田变稗草。

灭虫要除卵，除草连根铲。

三分种，七分管。

人勤地生宝，人懒地生草。

四、班春劝农的传承与保护

遂昌县通过连续三届汤显祖文化·劝农节和两届中国·遂昌汤显祖文化节活动的隆重举办，凸显其较高的社会价值和开发利用价值。本着有特色、重宣传、求实效的原则，特别是劝农节以重农为本，化为农民增收致富的行动。以政府为主导，通过群众参与、城乡互动，让群众乐在其中，有效地促进了社会文明，扩大了文化交流，推动了旅游发展，在全方位的展示、交流过程中，极大地提高了遂昌的知名度和美誉度。

四、班春劝农的传承与保护

[壹]传承谱系

（一）传承谱系

遂昌县城民间崇祀城隍神。每年农历除夕至正月十五，在城隍庙举办灯会。五月举办城隍庙会，演十天十夜酬神戏。由东、西、南、北四隅百姓轮流值年操办。每年的迎春活动，亦由城隍庙值年所在隅的"头首"负责组织筹办，并协同县衙举办迎春祭祀和鞭土牛活动，是班春劝农得以传承的一项

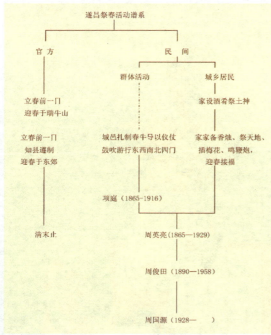

遂昌祭春活动谱系

民间俗规。

遂昌的迎春活动,在明清两代已十分兴盛。据县城黄炳文先生(1918—2004)说,清宣统二年(1910年),县城于立春日扎制春牛,导以仪仗鼓吹,游行东、西、南、北四门,观者塞路,规模宏大。活动由地方绅士项庭主持。项庭(1865—1916),字绍宗,县城北街人。清光绪二十七年(1900年),办团练,抵御外侮,宣统二年(1910年)应贡,保举孝廉方正。民国后,曾任县自治会总董。

据大田村老农周国源说,他的祖父周英亮(1865—1929),清末时为大田村祭春活动主祭人。父亲周俊田(1890—1958)在民

2009年,大田村班春典礼现场场景之一

2009年，大田村班春典礼现场场景之二

国时也组织过祭春活动，并担任主祭人。周国源（1928年12月16日出生），熟悉和了解当地民俗风情，是遂昌班春劝农仪式的主祭人。

（二）班春劝农现代版

1. 2009年3月30日，大田村举行班春劝农典礼

2009年3月29日至31日，由遂昌县人民政府牵头，浙江省文化厅、省农业与农村工作办公室、省农业厅、省旅游局、中国戏曲学会汤显祖研究分会等单位首次联合在遂昌举办了为期四天的汤显祖文化·劝农节暨仙县遂昌休闲游活动。

淤溪村

　　3月30日上午，班春劝农典礼在大柘镇大田村金山脚下举行，整个仪式基本参照古代鞭春礼仪，重现了沉寂百年的行鞭春礼的特色民俗文化。

　　2. 2010年3月25日，淤溪村举行班春劝农典礼

　　2010年，遂昌县委、县政府围绕"经营山水、统筹城乡，全面建设长三角休闲旅游名城"的战略目标，立足生态文化优势，打造具有中国特色、浙江特点的汤显祖文化品牌，坚持"小规模、大宣传，原生态、创特色，重和谐、求实效"的原则，实现"节庆文化常态化、传统文化产业化、群众文化职业化"的目的，于2010年3月24

遂昌班春劝农

巡游队伍

献舞

精彩场面

日至26日举行遂昌县第二届汤显祖文化·劝农节。班春仪式于3月25日在淤溪村举行。淤溪村现有人口1510人,位于遂昌县石练镇西南部,距镇政府驻地3公里,距县城31公里,自然环境优美,文化遗存较多。2011年被选入国家级生态县迎验点,同时被列为浙江省第一批中心村。

淤溪村班春典礼场景再现明代山乡景象。水车吱吱,牛羊叫唤,树上挂着吉祥茶灯,右侧空地上有大型石练台阁,昆曲十番在凉亭中演奏。千年古樟树下农家小院热闹非凡,原生态精品农产品琳琅满目。

祭坛面积6000余平方米,四周旗幡迎风猎猎作响,祭坛上置有供桌、大香炉、大油灯,旗幡立于道路两旁。金牛、纸糊春牛放置于

2011 年祭春

喂牛

发五谷

献春茶

坛中。典礼仪式仍为祭春、鞭春、开春三部分。

　　3. 2011年4月9日，淤溪村举行班春劝农典礼

　　2011年4月8日至11日，中国·遂昌汤显祖文化节由浙江省文化厅、省农业与农村工作办公室、省农业厅、省旅游局、中国戏曲学会汤显祖研究分会等单位主办，中共遂昌县委、遂昌县人民政府

2012年中国·遂昌汤显祖文化节

开幕式现场上演《牡丹亭》

遂昌民间艺术巡展中的彩车队

遂昌民间艺术巡展中的台阁队

承办，于4月8日在县城举行开幕式。仍在淤溪村举行班春劝农典礼，再次向世人展现四百多年前班春劝农盛况。

本届班春劝农典礼与往年不同的是，采纳了民间在春耕开犁之前给牛添力的习俗，分别给十二头耕牛赏吃五个鸡蛋和一碗酒。仪仗队伍巡游，由原来两面大锣增至四面大锣开道，还有农神、酒神和花神的扮演者参与其中。

4. 2012年4月9日，淤溪村举行班春劝农典礼

2012年4月8日，中国·遂昌汤显祖文化节在遂昌县城举行开幕式。

巡游队伍之一

　　4月9日上午，在石练镇淤溪村举行班春劝农典礼，增添了一些民俗节目，以增强趣味性和可看性，乡土气息浓郁。

[贰]保护措施

　　遂昌县文化部门严格遵循"政府主导、社会参与，活态传承、突出生态，科学保护、濒危优先"的工作原则，对班春劝农采取一系列保护措施：

巡游队伍之二

1. 成立领导小组。

成立以县政府分管领导为组长，宣传、文化、财政、发改、新闻等部门责任人为成员的保护工作领导小组，负责协调解决国家级非物质文化遗产项目班春劝农在保护过程中涉及的重大问题。

2. 强化专家职能。

根据该项目民俗性的特点，设立班春劝农保护工作专家指导组，具体实施项目保护工作。成员由县文广新局、县非遗中心、县文化馆及项目传承人、乡土专家等组成。为确保保护工作不流于形式，专家指导组必须全程参与该项目保护工作的具体实施，并拥有指导义务和监督力。

3. 完善资料管理。

全面搜集、整理、汇编与班春劝农相关的资料，用文字、录音、录像、数字化等多种手段对项目的表现形式进行真实、完整的记录，建立全面、系统和立体的档案，妥善保存并合理利用。

4. 出版普及性读物。

配合浙江省文化厅编纂"浙江省非物质文化遗产代表作丛书"，并将班春劝农项目列入"遂昌乡土文化丛书"。

5. 强化传承基地。

强化现有的班春劝农传承基地，体现传承、展示、宣传等全方位功能，并通过社会教育和学校教育等途径，使该项目的艺术精髓得以进一步传承和弘扬。

6. 搭建展示平台。

现代版劝农节，其核心内容就是班春劝农活动。利用这个平台，每年开展政府主导、百姓参与的传承活动，形成良性的传承体系。

7. 加强宣传力度。

结合每年一届的班春劝农节，在各类媒体广泛宣传，并以班春劝农活动为核心主体，举办民俗文化学术研讨会，不断扩大其知名度和影响力，逐步加深年青一代对班春劝农民俗事项的理解和认识，得到全社会的认同。

8. 制订五年保护计划。

2011年是《中华人民共和国非物质文化遗产法》正式实施之年。"非遗法"的施行，将保护单位保护非物质文化遗产的职责上升为法律责任，为非物质文化遗产保护工作提供了坚实的保障。

为进一步巩固和弘扬班春劝农的活动载体，2011年，遂昌县政府和石练镇政府共同出资200余万元，在淤溪村村民的大力支持下，创建了7780平方米的班春劝农文化广场，筑成花岗岩地面的祭台729平方米。祭台坐北朝南，台中竖有神农雕像，神农目视前方村庄，场内设有表演区和临时搭建的拍摄台、观礼台，周围是五彩缤纷的彩旗，还有当地农特产品一条街。村口有千年古樟树、怡翠亭和怡心亭，周边大片茶园相衬，也是一道美丽的景观。淤溪村还整合了文化活动室和毛家祠堂，改造成班春劝农活动用房，如道具仓库、服装仓库、演员排练场等。

2008年，遂昌汤显祖文化节被浙江省文化厅公布为浙江省十八个重大文化节庆活动之一。

2009年，班春劝农被列为浙江省非物质文化遗产普查十大新发

国家级非物质文化遗产"农历二十四节气（班春劝农）"牌

现项目。

2009年，班春劝农分别被丽水市政府和浙江省政府列入第三批丽水市级和浙江省级非物质文化遗产名录。

2011年，班春劝农被国务院公布为第三批国家级非物质文化遗产名录扩展项目。

2011年，淤溪村分别被命名为丽水市首批非物质文化遗产传承基地和浙江省第二批非物质文化遗产旅游景区。

遂昌县通过连续三届汤显祖文化·劝农节和两届中国·遂昌汤显祖文化节活动的隆重举办，凸显其较高的社会价值和开发利用价值。本着有特色、重宣传、求实效的原则，特别是劝农节以重农为本，化为农民增收致富的行动。以政府为主导，通过群众参与、城乡互动，让群众乐在其中，有效地促进了社会文明，扩大了文化交流，推动了旅游发展，在全方位的展示、交流过程中，极大地提高了遂昌的知名度和美誉度。

如今，班春劝农文化活动广场由淤溪村村民委员会管理。每年举办的班春劝农活动由石练镇政府牵头，县文化部门指导，淤溪村两委会组织实施。石练镇政府和淤溪村均有一套组织、管理国家级非物质文化遗产项目班春劝农的工作班子，负责联系班春劝农文化活动的具体事项。淤溪村还制定了《班春劝农传承保护管理办法》：

1. 成立班春劝农常态化工作领导小组，负责班春劝农活动的有关协调工作。

2. 班春劝农常态化工作领导小组下设办公室及文化活动组，宣传报道组，环境整治组，安全保卫组，道具、服装管理组，后勤管理组。办公室和各职能组在领导小组之下开展工作。

办公室设在石练镇淤溪村，负责制定劝农节总体方案，审核其他职能组工作方案，做好劝农节的协调工作，督促各项活动有序开展，制作、印发各种宣传物品和资料。

文化活动组：负责劝农节活动的具体安排，包括农民演员、各类节目的组织和编排，现场秩序管理，服装、道具的落实和管理，活动期间档案资料的收集和整理等。

宣传报道组:负责印发宣传资料和对各项活动进行宣传报道,联系和协助各新闻媒体的宣传报道工作,接待新闻媒体记者等。

环境整治组:加强村容村貌和景区公路沿线环境整治工作。

安全保卫组:负责监督和指导文化节安全保卫工作,确保整个节庆活动安全有序。

道具、服装管理组:负责管理演员道具、服装等具体事务。

后勤管理组:负责管理后勤保障的具体事务。

3. 加强班春劝农理论研究工作,开展农耕文化学术研讨活动,调研班春劝农课题。

班春劝农仪式较好地保留了明代风俗,在淤溪村作为一种特色文化形式保存下来,不仅需要政府的整体安排部署,也需要村民们自身加强文化意识。在加强国家级非物质文化遗产项目的保护工作中,淤溪村制订了相应的保护计划。

1. 建设国遗博物馆,保存班春劝农的历史资料,在博物馆展示有关农耕文化的古代民俗实物和文献资料,包括农具、文字、影像、图片等,让游客深刻了解班春劝农产生的历史背景和意义。

2. 淤溪村每年举行班春劝农典礼及大型民间艺术表演活动,将这种表演形式又作为旅游景观融入旅游产业中,进行定期与不定期的表演活动，增强这种风俗在人们心中的影响力和存在感。

3. 将班春劝农与农事活动相结合，让游客在亲身体验中感受它的文化内涵，了解农民渴望丰收的美好愿望，以此达到更好地保护和传承的目的。

班春劝农广场

同时，淤溪村还成立了班春劝农理事会，配备了专职文化员一人，组建了三百八十七人的农民班春队伍。目前班春劝农已成为建设新农村制度化、常态化的一项重要活动，是农民每年春耕时节例行举办的一桩盛事。班春劝农活动不仅依赖于政府办，民间也可以组织举办。从此，遂昌县群体性的班春文化活动逐渐恢复。

为满足各地游客慕名前来淤溪村观光和体验当地农耕传统文化的需求，淤溪村每年例行主办班春劝农大型演出活动，还增添了浓缩版班春劝农典礼和农事亲力活动，让游客参与其中，感受农耕文化的演变与传承，体验当地农民春耕秋收的劳作过程。

近几年，淤溪村把国家级非物质文化遗产、农业与旅游相结合的产业作为振兴经济的突破口，使当地的产业结构得到进一步优化，大大提高了农民的经济收入，提升了村民素质，带动了旅游，丰富了群众文化生活，促进了村容村貌的改变。

2015年，石练镇人民政府围绕国家级非物质文化遗产项目班春劝农传承基地的建设工作，特请杭州经纬建筑设计有限公司专业设计、制定了新的整体改造方案，名为"班春劝农广场及配套工程"。在现有设施的基础上，将祭台升高三层，升高部分建筑面积为311平方米，重塑10米高的神农石雕像。目前主体工程已基本完工，配套设施正在建设中。届时，这里将不仅是一个文化景点，还是山区文明建设的一个坐标，是民俗文化传承、创新的开篇。

主要参考文献

1. 《汤显祖文集》

2. 袁珂《中国古代神话》

3. 陈勤建《中国民俗》

4. 姜彬《稻作文化与江南民俗》

5. 顾希佳《中国节日志（春节）·浙江卷》

6. 《遂昌县志》（康熙版、乾隆版、光绪版）

7. 吴真《大山里的风景线》

8. 《中国民间文学集成·浙江省遂昌县卷》

后记

金山林海、仙县遂昌，这是今天遂昌县的金色名片。

仙县，是明代文学家、戏曲作家汤显祖任遂昌知县时对遂昌的美称。当年，汤显祖在班春劝农仪式上高举春鞭，喊着"鞭起眠牛"，这是对遂昌人一份爱的嘱托。就像年年起春雷，在山峦中响转，又像启明楼的钟声，叩击着几代遂昌人的心扉。

今天，众人扶犁，春牛奋蹄，犁平了坑坑洼洼，犁开了一条奔向小康的金光大道，打造一个文明、丰饶、生态、平安的新仙县。

今天，遂昌的山更清，水更秀，人更精神。"山阴道上"挤满了四海宾朋，他们陶醉在"五行遂昌"姹紫嫣红的良辰美景中，眷恋忘归。追慕仙县的专家学者、国际友人，也来寻觅汤显祖留下的足迹，唱一曲《牡丹亭》。

远去的岁月，是历史的无情。远去的篝火、山锄、寮棚、山寨、火塘边的传歌，今天听来就像是神话传说。那迎拜鸟国出生的句芒神，把土牛打碎的班春劝农，就好像是讲一个动漫故事。然而，历史又是有情的，上千年传承的民俗，是一条永远不断的纽带，拴住了昨天和今天。

立春时节，没有迎春神的赛事，没有鞭土牛的趣事，但人们没有忘记在立春这天写一张"迎春接福"的红纸幅悬挂于门上，有的还要烧香上供祭祀春神。过年也都会买一本农历书，书上有芒神牵着牛的春牛图啊，他们说：看看春牛图，过年也顺心。还有诸如崇拜信仰、岁时节令、生活生产等传统民俗，仍然是我们生活中的惯例，众人相附，代代相传。

本书仅采撷了立春、劝农等一些民俗历史碎片，串联成册。它不是民俗记录，民俗是不用记录传承的。它只是遂昌"历史上发生过的事情"的一个简明的记述，取材于《遂昌县志》《汤显祖文集》等著述和笔者多年的民间采风积累。关于遂昌新的劝农节资料，则是笔者参与活动亲历亲见的记录。书中图片除署名外，皆由陈敏民拍摄提供。

在《遂昌班春劝农》一书的编写过程中，始终受到浙江省文化厅领导和本县领导的深切关怀和大力支持，省内民俗专家的指导，我县民俗专家吴真老师，认真审读书稿并提出意见，在此表示衷心感谢。

　　由于笔者水平有限，书中纰缪疏漏之处恳请各位专家、读者不吝指教。

周喜玉

2015年6月

责任编辑：唐念慈
装帧设计：薛　蔚
责任校对：王　莉
责任印制：朱圣学

装帧顾问：张　望
摄　　影：陈敏民

图书在版编目（ＣＩＰ）数据

遂昌班春劝农 / 邱根松主编；周喜玉，程琳菲编著.
-- 杭州 :浙江摄影出版社, 2016.12（2023.1重印）
（浙江省非物质文化遗产代表作丛书 / 金兴盛总主编）
ISBN 978-7-5514-1666-5

Ⅰ.①遂… Ⅱ.①邱… ②周… ③程… Ⅲ.①节日—
祭礼—介绍—遂昌县 Ⅳ.①K892.1

中国版本图书馆CIP数据核字(2016)第311025号

遂昌班春劝农

邱根松　主编　　周喜玉　程琳菲　编著

全国百佳图书出版单位
浙江摄影出版社出版发行
　　地址：杭州市体育场路347号
　　邮编：310006
　　网址：www.photo.zjcb.com
制版：浙江新华图文制作有限公司
印刷：廊坊市印艺阁数字科技有限公司
开本：960mm×1270mm　1/32
印张：5
2016年12月第1版　　2023年1月第2次印刷
ISBN 978-7-5514-1666-5
定价：40.00元